Aktien für Einsteiger

Der Leitfaden für Vermögensaufbau und finanzielle Freiheit

Edition von Hohenberg

Inhalt

Wenn es Sie schon länger reizt, ein bisschen Geld in Aktien zu investieren, Sie bis dato aber noch keinen blanken Schimmer von Aktien und Co haben, dann ist dieser kleine Ratgeber goldrichtig für Sie. Hier erfahren Sie Grundlegendes und wir beginnen sozusagen von der Pike auf, damit Sie ganz genau wissen, was auf Sie zukommt. Viele Aktien Ratgeber setzen ein kleines Grundwissen voraus, in unserem kleinen Buch können Sie sich genau dieses aneignen. Wir bieten Ihnen eine Einführung in die Börse und erklären den richtigen Umgang mit Aktien, ETF's und Co, während Sie auch sämtliche Begriffe und Fremdwörter genau erklärt bekommen. Im Anschluss an das letzte Kapitel haben wir ein kleines Wörterbuch vorbereitet, in dem die wichtigsten Begriffe aufgelistet sind. So können Sie auch mitreden und mit Ihrem Fachwissen glänzen. In diesem Ratgeber erfahren Sie ebenfalls, worin der Unterschied zwischen Aktien und Fonds liegt, womit Sie rechnen müssen und wie Sie am besten damit umgehen. Wir zählen Ihnen diverse Möglichkeiten auf, wie Sie Ihr Geld sinnvoll und gewinnbringend investieren könnten. Auch zeigen wir Ihnen diverse Möglichkeiten und Strategien, wie Sie Ihr Geld vor zu hohen Verlusten schützen können. Zudem weisen wir auch einen Weg auf, wie Sie sich ganz persönlich im Umgang mit Aktien verhalten, damit Sie Ihre Gewinne und auch eventuelle Verluste vorbereitet einfahren können.

Natürlich besteht beim Handeln mit Aktien stets ein gewisses Restrisiko, das Sie tragen müssen. Auch hier finden Sie einige Kapitel dazu, wie Sie das Risiko erkennen und auch in ausgeklügelter Weise eindämmen können. Grundsätzlich aber müssen Sie sich bewusst werden, dass das Risiko nicht komplett aus der Welt geschafft werden kann. Beim Handeln mit Aktien tragen Sie alleine das Risiko über Ihr Vermögen. Ihre Strategien, Ihr Wissen und auch Ihr Bauchgefühl tragen maßgeblich zum eigenen Erfolg bei. Mit den Strategien, dem richtigen Money-Management und der Disziplin, von der noch öfter die Rede sein wird, sind Sie jedoch auf einem richtigen Weg.

In unserem E-Book behandeln wir auch Themen wie Börsenkennzahlen, mit deren Hilfe Sie günstige Aktien von teuren Aktien unterscheiden können. Nur so können Sie auch wirklich Aktien erkennen, die zu einem guten Preis zu erhalten sind. Gleichzeitig erklären wir Ihnen die Möglichkeiten für Money- Management. Nur so können Sie erfolgreich Ihr Vermögen und Ihre Einsätze schützen und vermehren. Nur wer diese Möglichkeiten kennt, kann sich auch gegen Kursrückschläge absichern.

Wir geben Ihnen auch wertvolle Tipps und Tricks, wie Sie sich auch in Zukunft gut informieren können und stets up to date bleiben. Dabei verraten wir Ihnen Informationen, wie Sie gerade im Internet auch kostenlos an neue Info-Quellen gelangen und sich immer auf dem neuesten Stand halten. Es ist wichtig, in Bewegung zu bleiben, denn gerade beim Aktienmarkt handelt es sich um keinen starren Markt, der stets unverändert bleibt. Nur wer immer dynamisch mit der Zeit geht und sämtliche neuen Möglichkeiten aufgreift, der kann sich langfristig ein gutes und stabiles Vermögen aufbauen.

Mehr als einmal werden wir Sie jedoch auch darauf hinweisen, dass Sie stets vorsichtig und mit Bedacht handeln sollen. Halten Sie sich immer vor Augen, dass es Ihr eigenes Geld ist, das Sie hier einsetzen. Wenn Sie Ihr Geld zur Bank bringen, ist es dort mehr oder weniger sicher. Weiter wird nichts passieren, denn egal ob auf dem Konto oder Sparbuch, mit Zinsen können Sie heutzutage nicht mehr rechnen. Im Gegenteil, in Tagen wie diesen müssen Sie schon froh sein, wenn nicht die Negativ-Zinsen zuschlagen und Ihr sauer verdientes Geld auffressen. Doch gerade aus diesem Frust heraus sollten Sie niemals kopflos investieren. Nehmen Sie sich Zeit, lesen Sie sich ein und wiegen Sie sämtliche Möglichkeiten ab. Durchleuchten Sie die optionalen Schritte und finden Sie heraus, welcher Typ Sie sind und welche Art von Aktien für Sie geeignet ist.

Viele verdienen mit Aktienhandel viel Geld, das steht außer Frage. Großen Gewinnen stehen jedoch stets auch hohe Einsätze gegenüber. Doch Sie können Ihr Vermögen auch in kleinen und sicheren Schritten vermehren. Klären Sie für sich persönlich ab, ob Sie die kurzfristige Möglichkeit lieben, mit Aktien zu handeln, oder ob Sie langfristig auf die Steigerung der Aktienkurse setzen. In beiden Fällen sollten Sie sich im Vorfeld über die einzelnen Aktien informieren. Jede Aktie hat eine eigene Geschichte, eine eigene Entwicklung und es steht eine andere Firma, Organisation oder Gesellschaft dahinter. Machen Sie sich damit und mit dem Background vertraut, bevor Sie Ihr Geld einsetzen.

Nun möchten wir Sie jedoch nicht mehr länger auf die Folter spannen und beginnen sofort mit diesem Ratgeber, der Sie an der Hand nimmt und durch die gigantische Welt der Aktien führt. Diesen Ratgeber können Sie jederzeit wieder zur Hand nehmen, denn gerade bei späteren Kapiteln, wie den Kennzahlen, ist es gut, eine genaue Anleitung zur Hand zu haben. Nun wünschen wir Ihnen viel Erfolg und gutes Gelingen an der Börse.

Was sind Aktien?

Alles beginnt natürlich mit den Aktien selbst. Jeder kennt den Begriff, nur wer sich noch nie mit dem Thema befasst hat, kann Aktien nicht im Detail definieren. Im Großen und Ganzen sind Aktien lediglich simple Wertpapiere, die über einen gewissen Anteil an Aktiengesellschaften oder Kommanditgesellschaften verfügen. Aktien sind für Firmen eine gute Möglichkeit, Geld von den Kapitalmärkten zu generieren. Aus diesem Grund werden Aktien ausgegeben. Diese Aktien können nun auch an der Börse notiert werden und sind somit bereit für den Handel.

Sie können sich eine Aktie folgendermaßen vorstellen: Wenn Sie eine Aktie einer bestimmten Firma in den Händen halten, so besitzen Sie einen mehr oder weniger kleinen Anteil dieses Unternehmens. Hier ist natürlich die Größe der Aktie ausschlaggebend. Sie werden somit durch den Besitz einer Aktie als Miteigentümer angesehen. Als Gegenleistung haben Sie dem jeweiligen Unternehmen Bargeld gegeben, welches zum Eigenkapital der Firma wurde. Sie haben sich somit finanziell in das Unternehmen eingekauft. Die Aktien sind somit Ihre Anteilsscheine, anhand deren Sie Ihren Besitz nachweisen können. Diese können Sie natürlich auch jederzeit verkaufen. Ob, wann und wie Sie die Aktien verkaufen, hängt natürlich von deren Entwicklung ab. Ein guter Einkauf und ein noch besserer Verkauf sind ausschlaggebend für Ihren eigenen Gewinn.

Die verschiedenen Arten von Aktien

Natürlich ist es nicht so einfach getan und Aktie ist nicht gleich Aktie. Hier unterschiedet man zwischen:

- Stammaktien
- Vorzugsaktien
- Inhaberaktien
- Namensaktien
- Nennwertaktien
- Stückaktien
- jungen Aktien
- alten Aktien

Stammaktien

Mit einer Stammaktie erkaufen Sie sich nicht nur einen Anteil eines Unternehmens. Mit dieser Aktie erhalten Sie auch zusätzlich ein Mitspracherecht auf den Hauptversammlungen. Sie können die Zukunft des Unternehmens mitlenken, Ihr Veto einlegen und sich maßgeblich an der wirtschaftlichen Entwicklung beteiligen.

Vorzugsaktien

Mit einer Vorzugsaktie haben Sie keinerlei Mitspracherecht. Diese Art der Aktie überzeugt jedoch mit einer höheren Dividende, die an Sie ausgeschüttet wird. Für „normale" Anleger steht natürlich der Profit im Vordergrund. Wenn Sie an der Aktie verdienen möchten, werden Sie natürlich den Vorzugsaktien den Vortritt geben.

Inhaberaktien

Bei Inhaberaktien ist der Besitzer anonym. Sobald Sie im Besitz dieser Aktie sind, stehen Ihnen die daraus resultierenden Dividenden zu. Hier steht auch nicht die Frage im Raum, wie Sie zu der Aktie gekommen sind. Inhaberaktien können sowohl Vorteilsaktien, als auch Stammaktien sein. Diese Bezeichnung gibt lediglich Aufschluss über die Besitzverhältniswerte. Ein immenser Vorteil von Inhaberaktien ist natürlich die unkomplizierte Übertragbarkeit. Diese Aktie können Sie beliebig oft und jederzeit kaufen und verkaufen.

Namensaktien

Bei diesen Aktien werden die Aktionäre, also die Besitzer, namentlich im sogenannten Aktienregister vermerkt. Der Halter der Aktie ist somit genau und namentlich definiert. Elektronisch werden der gesamte Nennbetrag, Name, Geburtstag und Adresse erfasst. Wenn Sie diese Aktien nun verkaufen möchten, müssen auch die Einträge im Aktienregister geändert werden. Nur so ändern sich auch die Besitzansprüche. Wenn Sie eine Namensaktie kaufen, achten Sie darauf, dass Sie auch tatsächlich namentlich eingetragen werden. Nur so können Sie von Ihren Rechten, eventueller Mitsprache und den Dividenden profitieren.

Nennwertaktien

Die Nennwertaktie wird auch Nennbetragsaktie genannt. Bei dieser Aktie wird der Anteil am Grundkapital durch einen fixen Nennwert festgelegt. Dieser wird in der Satzung der Aktiengesellschaft festgelegt. Dieser muss mindestens einen Euro oder eben ein Vielfaches davon, aber immer einen ganzen Betrag, beschreiben.

Stückaktien

Die Stückaktien werden auch Nicht-Nennwertaktien genannt und sind nicht in unterschiedliche Werte eingeteilt. Diese Aktien beschreiben in gleichen Teilen das Grundkapital des Unternehmens. Hier wird lediglich die Menge der Aktien festgelegt, die von dem Unternehmen ausgegeben wird. Der Wert berechnet sich somit aus dem Grundkapital geteilt durch die Stückzahl der ausgegebenen Aktien.

Junge Aktien

Junge Aktien entstehen, wenn ein Unternehmen eine Kapitalerhöhung anstrebt. Um mehr Geld zu generieren, werden folglich mehr Aktien ausgegeben.

Alte Aktien

Als alte Aktien werden jene Wertpapiere bezeichnet, die sich im Besitz der Aktionäre befinden, bevor das Unternehmen neue Aktien auf den Markt bringt. Wenn Sie eine alte Aktie halten, bekommen Sie ein sogenanntes Bezugsrecht für junge Aktien. Dieses Bezugsrecht können Sie jedoch ebenso wie eine „echte" Aktie an der Börse verkaufen.

Die Vorteile von Aktien

Nun haben Sie die einzelnen Aktien im groben Überblick kennengelernt, nun sollten Sie auch von den Vorteilen erfahren, die Sie mit dem Besitz von Aktien haben.

Aktien sind durch ihren Wert und die Gewinne meist nicht von der Inflation betroffen, das Geld in Ihrem Sparstrumpf oder auf Ihrem Sparbuch jedoch durch die Inflation. Natürlich ist das Geld dadurch auch relativ sicher. Zuhause wird das Geld nicht weniger, es verliert lediglich an Wert. Obwohl Sie bei Aktien ein etwas höheres Risiko haben, ist es auf langfristige Sicht gewinnbringender, in Aktien zu investieren, als das Geld nur zu Hause zu horten.

Durch das Handeln an der Börse profitieren Sie von Dividendenzahlungen, welche die Unternehmen an Sie ausschütten und zusätzlich schneiden Sie auch bei Kursgewinnen ordentlich mit. Dividenden werden stets ausbezahlt, wenn Sie die Aktien halten. Sie können diese quasi als Verzinsung ansehen.

Bei einem Crash der Börse können Sie jedoch im Gegenzug auch verlieren. Aktienkurse können einbrechen und der Wert Ihrer Aktie kann sogar um bis zu 50% sinken. Um diese Risiken eindämmen zu können, haben wir in einem späteren Kapitel wertvolle Tipps für Sie bereit. Auch erfahren Sie, wie Sie gerade von diesen Börsencrashs profitieren können.

Vorteile und Nachteile der Aktien im Überblick

- Aktien sind jederzeit handelbar.
- Sie sind immer liquide. - Ihr Geld ist nicht gebunden.
- Sie erhalten möglicherweise Dividenden.
- Aktien unterliegen Kursschwankungen.
- Aktien könnten möglicherweise zum Totalverlust führen.
- Ihre Gewinne richten sich nach den wirtschaftlichen Erfolgen der jeweiligen Unternehmen.

Lassen Sie sich jedoch von den Nachteilen nicht sofort entmutigen. In einem späteren Kapitel erzählen wir Ihnen, wie Sie das Risiko umgehen und von schwachen Börsenkursen profitieren können.

Was sind Fonds

Fonds sind die kurze Bezeichnung von Investmentfonds. Dabei handelt es sich um eine Form der Geldanlage. Hier wird das Geld der unterschiedlichen Anleger von einem Fondsmanager verwaltet. Vom Fondsmanager wird das Geld nun in unterschiedliche Projekte der Finanzwelt angelegt. Dadurch kann sich das Vermögen vermehren, natürlich auch weniger werden. Laut aktueller Rechtslage müssen diese Gelder in mindestens 16 unterschiedlichen Depots oder Wertpapieren angelegt werden. Als Anleger haben Sie durch Fonds somit die Möglichkeit, in sehr viele unterschiedliche Projekte zu investieren und Sie müssen sich nicht auf ein einzelnes Projekt festlegen. Um dies besser verstehen zu können, stellen Sie sich die Fonds wie eine bunte Schachtel Konfekt vor. Sie bezahlen nur den Preis für das gesamte Produkt und erhalten gleichzeitig eine bunte Vielfalt. Die Fondsmanager als Verwalter der Fonds gehören zu den Fondsgesellschaften. Vielleicht kennen Sie die bekanntesten Fondsgesellschaften wie DWS- Fonds oder DEKA-Investmentfonds. Hier werden die unterschiedlichsten Fonds angeboten, auch DAX Aktienfonds sind hier verfügbar. Dadurch, dass Sie die Fonds nicht selbst verwalten, müssen Sie sich nach dem Kauf auch nicht mehr darum kümmern. Natürlich können Sie die Entwicklung jederzeit überprüfen.

Je höher der Betrag ist, den Sie in Fonds investieren, desto mehr Anteile erhalten Sie an den jeweiligen Fonds. Fonds können zwar nicht wie Aktien an der Börse gehandelt werden, Sie sind dennoch in der Lage, diese jederzeit wieder an die Fondsgesellschaft zu verkaufen. Dies funktioniert allerdings nicht, wenn Sie sich für einen geschlossenen Fond entscheiden. Beim Kauf von Fonds müssen Sie jedoch mit höheren Gebühren im Vergleich zu Aktien rechnen. Ein logischer Grund dafür sind natürlich die Mittelsmänner, die ebenfalls an den Investments und Renditen mitverdienen wollen und müssen.

Die Vorteile und Nachteile von Fonds im Überblick

- Sie benötigen kein zu tiefes Fachwissen - um die Arbeit kümmert sich der Fondsmanager.
- Sie können bereits mit kleinen Beträgen einsteigen.
- Sie investieren breit gestreut in viele Projekte.
- Die Gebühren verglichen zu Aktien sind höher.
- Die Gewinne sind niedriger.
- Fonds entwickeln sich häufig schlechter als der gesamte Markt.

Wenn Sie sich für Fonds interessieren, sollten Sie sich zwischen einmaligen Einlagen und einem sogenannten Fondssparplan entscheiden.

Welche Arten von Fonds gibt es?

Neben klassischen Aktienfonds gibt es am Markt noch unzählige andere Investmentfonds.

Wenn Sie sich für offene Investmentfonds entscheiden, so unterliegen Sie keiner Beschränkung, was die Zahl der Fondsanteile und das Fondvermögen betrifft. Der Fondsmanager bestimmt hier relativ frei über die Größe des Fonds und die Anteile sind frei handelbar.

Bei **geschlossenen Investmentfonds** handelt es sich um Fonds, deren Höhe des Vermögens beschränkt ist. Das Handeln der einzelnen Anteile ist meist etwas schwieriger und Ankäufe und Verkäufe können ebenfalls häufig nicht zum gewünschten Zeitpunkt durchgeführt werden.

Bei **Aktienfonds** muss hauptsächlich in Aktien investiert werden. Damit sind verglichen mit den übrigen Fonds die Chancen auf Gewinne höher, jedoch besteht auch ein größeres Risiko für Verluste.

Bei **Rentenfonds** wird ausschließlich in verzinste Wertpapiere wie Anleihen oder Rentenpapiere investiert. Hier ist das Risiko überschaubar, aber auch die Gewinnspanne ist dementsprechend niedriger.

Sogenannte **Mischfonds** bestehen aus Aktien, Anleihen, Immobilien und mehr. Sie sind breit gestreut und auch das Risiko ist meist sehr überschaubar.

Bei **Dachfonds** werden Fondanteile anderer Fonds gekauft. Hier spricht man von einer zweifachen Risikostreuung.

Hedgefonds gelten als jene Fonds mit dem höchsten Risiko. Diese sind auch am wenigsten gesetzlich reglementiert. Als Manager eines Hedgefonds kann man auch in Options und Futures investieren. Über die hohen Risiken bei Options und Futures klären wir Sie zu einem späteren Zeitpunkt in diesem Ratgeber auf.

Weiters gibt es **Indexfonds** mit geringen Gebühren, **Immobilienfonds**, deren Name für sich spricht und einige mehr.

ETF`s - die Exchange Traded Funds

ETF ist die Bezeichnung für auf Börsen gehandelte Indexfonds. Hierbei wird die Wertentwicklung eines Index beschrieben. Mit ETF`s können Sie relativ günstig in riesige Märkte investieren. Sie können mit den ETF`s nicht nur in Aktien investieren, sondern Ihr Geld in viele Projekte stecken. ETF`s werden auch als Bausteine für privates Geldanlegen bezeichnet. Sie bilden den Index original eins zu eins nach und können zudem jederzeit an der Börse gehandelt werden. ETF´s sind günstig und absolut transparent. Sie sind breit diversifiziert und sind sowohl flexibel als auch liquide.

ETF`s bestehen aus folgenden drei Komponenten:

1. Sie sind Fonds, somit eine Anlage für Gelder. Von vielen Anlegern werden unterschiedliche Beträge einbezahlt und investiert, die vom Fondsmanager verwaltet werden. Dieser ist dafür verantwortlich, dass das Investment breit gestreut wird und die bestmöglichen Ergebnisse erzielt werden. Es gibt die unterschiedlichsten Möglichkeiten, in welche investiert werden kann. Neben Aktien werden Gelder auch in Renten und Rohstoffe investiert.

2. Bei einem Indexfond können Sie sich relativ genau auf den Marktbarometer und die Marktentwicklung verlassen. Bei einem Indexfond können Sie jederzeit nachvollziehen, woran Sie durch Ihr Investment beteiligt sind. Dadurch, dass die Aufschlüsselung weniger anspruchsvoll ist, sind ETF`s verglichen mit anderen Investmentfonds kostengünstiger, da die Mittelsmänner und Verwalter niedrigere Gebühren erhalten.

3. Die dritte Komponente der ETF`s ist das Handeln an der Börse. Sie können somit während der Börsenöffnungszeiten jederzeit gehandelt werden. Ein ETF kann immer gekauft und auch verkauft werden. Sie werden nun denken, dass sich ETF´s absolut lukrativ und interessant anhören und haben damit Recht. Nun werden Sie sich fragen, warum Sie von ihrem Finanzberater noch nie von ETF`s und den damit verbundenen Möglichkeiten gehört haben. Auch dies ist ganz logisch zu erklären. Für Banken und Finanzberater sind ETF`s natürlich nicht so populär, da diese einfach zu wenig daran verdienen. Banken und Finanzberater werden in der Regel immer jene Produkte empfehlen und

verkaufen, bei denen Sie selbst mit hohen Provisionen rechnen können. Wenn Sie sich ausführlich über ETF`s beraten lassen möchten, so sollten Sie am besten die Dienste eines sogenannten Honorarberaters in Anspruch nehmen.

ETF´s sind dazu absolut nicht neu. Schon jahrelang werden ETF`s von Pensionskassen und Versicherungen genutzt. In deren Portfolios befinden sich ETF`s schon die längste Zeit. In letzter Zeit jedoch werden ETF`s auch bei privaten Anlegern immer beliebter. Der Vorteil bei ETF`s liegt eindeutig darin, dass der Anleger nicht in einzelne Aktien investieren muss. Dies ist nicht nur eine Kostenfrage, sondern vor allem auch eine Zeitfrage. Während man sich etwas intensiver mit Aktien befassen sollte, lässt sich ein ETF Portfolio tatsächlich mit geringem Aufwand kontrollieren. Grob gesagt, brauchen Sie für die ETF`s vielleicht eine halbe Stunde pro Monat.

Sehen Sie die ETF`s als ideale Kombination von Aktien und Investmentfonds. Aus beiden Welten werden quasi die Rosinen herausgepickt. Neben der Transparenz und der Handelbarkeit sind ETF`s sehr breit gestreut und bieten so eine gute Balance zwischen Gewinn und Verlust. Sie haben bei ETF´s nur geringe laufende Gebühren, sind im Besitz eines sogenannten Sondervermögens und können jederzeit die Anlagestrategie einsehen.

Merken Sie sich stets: Je weniger Gebühren Sie haben, umso größer ist auch Ihr eigener Gewinn. Klingt logisch, wird aber häufig nicht beachtet. Bei ETF`s schlägt kein Ausgabeaufschlag zu Buche, Sie profitieren von geringen Ordergebühren, die oft durch große Konkurrenz unter den Anbietern auch gänzlich wegfallen können und Sie profitieren von der automatischen Handhabung der ETF`s.

Vorteile und Nachteile von Aktien-Investments

Zu den großen Vorteilen der Aktien zählen natürlich die möglichen Gewinne, die durch die Steigerungen der Aktien eingefahren werden können. Bei Wertpapieren sind auch in der heutigen Zeit langfristig große Gewinne möglich.

Wenn Sie langfristig die Entwicklung der Aktien mit der Entwicklung Ihres Geldes auf dem Sparbuch vergleichen, so erkennen Sie rasch den Vorteil. Hierfür müssen Sie nur einen Blick auf die DAX Entwicklung der letzten zehn Jahre werfen. Hier wurde pro Jahr im Durchschnitt ein Wert von plus 8,15% erzielt. Diesen Gewinn können Sie mit keinem Sparbuch und keinem anderen Sparplan erzielen. Aktien erzielten trotz Immobilien- und Finanzkrisen stets einen Profit - im Großen und Ganzen gesehen. Natürlich gab es auch unter den Aktien die großen Verlierer.

Beim Anlegen in Aktien profitieren Sie nicht nur von den Kurssteigerungen, sondern kommen auch in den Genuss, mit der Ausschüttung von Dividenden belohnt zu werden. Auch wenn eine Aktie an sich verliert, können Dividenden ausgeschüttet werden.

Sie können sich bei Aktien jederzeit für ein kurzfristiges oder auch langfristiges Halten entscheiden. Sie bleiben absolut flexibel und können während der Öffnungszeiten der Börse immer kaufen und wieder verkaufen.

Natürlich ist es auch spannend und überaus interessant, sich die Entwicklung der Börse anzusehen. Sie können die Aktien verfolgen und ein enormes Wissen aufbauen. Mit dem Einstieg in die Welt der Aktien und Börsen entwickeln viele ein neues Hobby, denn das Handeln mit Aktien ist mehr als nur Gewinne einzufahren.

Auch die Auswahl ist ein großer Pluspunkt. Sie können sich unter unzählig vielen Aktien entscheiden und diese nach Gewinnen und möglichem Risiko unterteilen. Wie Sie die einzelnen Aktien im Einzelnen bewerten, dazu kommen wir später in diesem kleinen aber feinen Aktien- Ratgeber.

Selbstverständlich müssen Sie auch immer mit dem Risiko rechnen, dass Ihre Aktien fallen. Der Aktienkurs ist oft sehr sprunghaft und wird nicht nur durch die Wirtschaftlichkeit der einzelnen Unternehmen geprägt, auch schlechte Neuigkeiten im Weltgeschehen sind für das Sinken mancher Aktien verantwortlich. Steht ein Unternehmen kurz vor dem Konkurs und Sie haben in deren schlechte Aktien investiert, so müssen Sie auch mit einem Totalverlust rechnen. Darum sollten Sie immer nur jenes Geld investieren, dessen Verlust Sie wirtschaftlich verkraften können. Investieren Sie niemals geliehenes Geld - dieser Schuss könnte ganz schnell nach hinten losgehen.

Auch müssen Sie die Börse und die Launen der Börse verstehen. Starten Sie erst, wenn Sie sich schlau gemacht und sich mit der Börse an sich befasst haben. Nur so können Sie auch mit dem Thema Risikoaktien umgehen.

Auch wenn Sie mit großen Gewinnen rechnen können, so sind die Renditen niemals fest und sicher, da diese den täglichen Kursschwankungen unterliegen. Auf dem Sparbuch wissen Sie genau, wie viel oder besser wie wenig Sie erhalten. Bei Aktien stehen sich jedoch die täglichen Gewinne und Verluste gegenüber.

Auch sollten Sie sich Gedanken über die Versteuerung machen. Dazu lassen Sie sich am besten von ihrem Finanzberater aufklären. Gewinne aus dem Handel mit Aktien müssen versteuert werden. Dies macht jedoch keinen wirklichen Unterschied zu anderen Möglichkeiten Geld zu verdienen, denn Steuern fallen immer und überall an.

Im Großen und Ganzen überwiegen bei Aktien ganz klar die Vorteile. Zu Beginn sollten Sie jedoch nicht gleich Ihr gesamtes Vermögen in Aktien anlegen. Geben Sie sich selbst Zeit und starten Sie klein. Ein langsames Herantasten an die Materie ist in jedem Fall sinnvoll. Nach nur kurzer Zeit aber können Sie sich an Gewinnen erfreuen. Am besten legen Sie dafür denselben Betrag auf ein simples Sparbuch und vergleichen nach einem gewissen Zeitraum die Ergebnisse. Wenn Sie sich an das Management von Gewinn und Verlust gehalten haben, dann wird Ihnen lediglich die Zahl auf dem Sparbuch die Tränen in die Augen treiben. Gerade für Anfänger auf dem Aktienparkett ist es wichtig, einen direkten und offensichtlichen Vergleich zu haben. Wenn Sie ohnehin zu den vorsichtigen Skeptikern zählen, so geben Sie sich durch diesen Vergleich selbst einen schönen Beweis.

Was ist die Börse?

Nun haben Sie schon von den unterschiedlichsten Aktien, Fonds und ETF`s gehört und eben auch von Möglichkeiten, diese an der Börse zu handeln. Was ist nun genau die Börse und wie komme ich zur Börse? Diesen wichtigen Punkt, ohne den kein Handeln möglich ist, wollen wir in diesem Kapitel ausführlich durchleuchten.

Die Börse müssen Sie sich als großen Marktplatz für Aktien vorstellen. Auf diesem Marktplatz treffen sich die Anleger, die ihr Geld investieren möchten und greifen auf jene Produkte zu, welche die unterschiedlichen Unternehmen auf den Markt bringen, um Gelder für ihre Betriebe zu generieren. Wenn Sie sich an der Börse einkaufen, so ist es natürlich Ihr Ziel, dies gewinnbringend zu tun.

Wie auch auf dem realen Markt mit Waren für den täglichen Gebrauch, bestimmen Angebot und Nachfrage die Preise. Sind zum Beispiel wegen schlechter Ernte nur wenige Tomaten am Markt und sind gleichzeitig viele potentielle Käufer auf der Suche nach Tomaten, so können die Preise in kürzester Zeit in die Höhe schnellen. Gibt es jedoch auf dem Markt ein Überangebot eines gewissen Produkts, so werden die Preise sinken. Nach diesem Schema läuft mehr oder weniger auch die Börse ab. Sie sehen also, eigentlich ist es nicht wirklich kompliziert, man muss nur die richtige Sichtweise haben und schon lässt sich die Börse verstehen. Käufer und Verkäufer bestimmen durch ihr Handeln und Verhalten den Preis.

An der Börse wird nicht mit Tomaten gehandelt, hier stehen Aktien und Wertpapiere im Vordergrund. Es wird mit Anleihen, Rohstoffen, Gold, Silber, Rohöl und auch mit Zinsen gehandelt. Die Preise sind hier nicht festgelegt, sondern entwickeln sich. Strategisch können Sie hier zu günstigen Preisen einkaufen und wünschenswert, zu einem höheren Preis, wieder verkaufen.

Jeder kann an der Börse handeln und Aktien sowohl kaufen als auch verkaufen. Dies wird in den meisten Fällen heutzutage elektronisch abgewickelt und Sie müssen lediglich am Computer sitzen. Die Aktien und Wertpapiere werden also auf virtuellem Weg verkauft und gekauft. Sie dürfen sich den Handel an der Börse aber auf keinen Fall als wildes Wirr-Warr wie auf einem Markt vorstellen. Hier herrscht eine strikte

Aufsicht und der Handel wird von Institutionen und Regulationen festgelegt. Alle Transaktionen an der Börse werden überwacht, somit wird ein fairer Handel gewährleistet. Nur so können Unregelmäßigkeiten zu einem hohen Maß vermieden werden.

Über einen Vermittler, den Broker, werden Käufer und Verkäufer zusammengebracht. Wie auch auf facettenreichen Sammlerbörsen, Tauschbörsen und auch Single-Börsen werden Menschen mit den gleichen Interessen zusammengebracht. Die Börse, von der wir in diesem Ratgeber sprechen, betrifft den Finanzmarkt.

An den Aktienbörsen werden somit Aktien, Wertpapiere, sogenannte Anteilsscheine, gehandelt. In beinahe jedem Land befindet sich eine eigene Börse. Zu den größten und bekanntesten Börsen der Welt zählen die New York Stock Exchange, die Nasdaq, die Tokioter Börse, die Chinabörse Shenzhen und die Shanghai Börse. Auch die deutsche Börse zählt zu den wichtigsten Börsen weltweit.

Börsen werden als Vermittler zwischen Kapitalgeber und Kapitalnehmer benötigt. Die Börse macht es uns einfach, Geld zu investieren, und erleichtert es den Unternehmen, Investoren zu finden. Ohne diese Plattform wäre es für viele Unternehmen sehr schwierig, an Eigenkapital zu gelangen. Die wirtschaftliche Entwicklung bliebe somit auf der Strecke. Die Börse ist somit nicht nur für Anleger absolut interessant, sondern auch für die jeweiligen Unternehmen absolut essentiell.

Anleger können zudem von der hohen Transparenz und der Überwachung an der Börse profitieren. Durch den sehr einfachen Zugang zur Börse ist es eben auch für Privatanleger absolut lukrativ, in die größten Unternehmen der Welt zu investieren und von deren Erfolg zu profitieren. Halten Sie sich immer vor Augen, dass auch die reichsten Menschen der Welt, wie Bill Gates, Warren Buffett oder auch Larry Ellison ihr enormes Vermögen mitunter den Börsen verdanken. Durch ein Investieren in Aktien nehmen Sie teil am Wirtschaftswachstum und können Gewinne erzielen, wenn die Wirtschaft einen Aufschwung erlebt. Aus diesem Grund ist es nicht nur faszinierend, in Aktien und Wertpapiere zu investieren, sondern auch absolut lukrativ. Dies alles wäre ohne Börsen nicht möglich.

Wie kommen Aktienkurse zustande?

Wie schon im Vorfeld erwähnt, entstehen Aktienkurse grob durch Angebot und Nachfrage. Wenn Sie sich nun eine Aktie kaufen, so ist es Ihr Ziel, dass Sie durch einen Anstieg des Kurses und durch die Ausschüttung von Dividenden einen Gewinn erzielen.

Der Kurs entsteht dadurch, dass die Aktie zu einem bestimmten Preis gekauft werden möchte und jemand die Aktie für einen bestimmten Preis verkaufen will. Einigt man sich zum Beispiel auf 5 Euro, so ist dies der Aktienkurs.

Wodurch wird der Aktienkurs beeinflusst?

- Die allgemeine Wirtschaftslage
- Die Verfassung der Aktiengesellschaften
- Die Zukunftsprognosen der Aktiengesellschaften
- Gewinnwarnungen

Die allgemeine wirtschaftliche Lage übt einen sehr großen Einfluss auf die Entwicklung des Aktienmarkts aus. Durch Krisen werden die Kurse beeinflusst. Befindet sich die Wirtschaft in einer Krise, so sinken auch die Aktienkurse. Dies ist im jeweiligen Fall ein denkbar schlechter Zeitpunkt, um die eigenen Aktien zu verkaufen. Im Gegenzug können Sie die Krisen und schlechten Aktienkurse dazu nutzen, um relativ billig einzukaufen. Konjunktur, Arbeitslosenstatistiken und das allgemeine Konsumverhalten der Bevölkerung wirken sich dabei ebenfalls auf die Kurse der Aktien aus. Diese Faktoren haben eigentlich nichts mit dem Unternehmen zu tun, dessen Aktien Sie kaufen oder verkaufen möchten. Diese werden eben in großem Maße auch von sogenannten äußeren Einflüssen gelenkt.

Ein weiterer Faktor ist natürlich die Verfassung der Aktiengesellschaft. Hier bestimmen Faktoren, wie Gewinne und Verluste, den Wert der Aktien und deren Kursentwicklung. Hier ist es ausschlaggebend, ob das Unternehmen verschuldet ist oder über ausreichend Eigenkapital verfügt. Auch das Geschäftsmodell wirkt sich auf die Aktienkurse aus und natürlich auch der direkte Vergleich mit Konkurrenten.

Ein weiterer Punkt ist die Zukunftsprognose. Dabei kommt es in großem Maße darauf an, dass das Geschäftsmodell Zukunft hat und die Pläne und Ideen auch in ferner Zeit noch interessant sind. Technologien, die in der heutigen Zeit veraltet sind, befinden sich natürlich auf dem absteigenden Ast. Ein guter Vergleich ist zum einfachen Verständnis der direkte Vergleich von Herstellern von Taschenrechnern und Computern. Welchem Unternehmen würden Sie eine rosige Zukunft voraussagen und welche Firma muss ihrer Meinung nach mit immer weniger Absatz und Umsatz rechnen? Der zu erwartende Gewinn ist mitverantwortlich dafür, wie sich der Aktienkurs des Unternehmens entwickelt. Jedes Jahr werden zu Jahresbeginn die Gewinne für das Jahr errechnet. Im Laufe des Jahres passen sich die Aktienkurse den tatsächlichen Entwicklungen und Umsätzen an. Werden höhere Gewinne erzielt, so steigen die Kurse, werden weniger Gewinne eingefahren, so sinken diese natürlich.

Die Gewinnwarnung ist ein Faktor, auf den meist große und finanzstarke Investoren vorwiegend reagieren. Wenn ein Unternehmen anstatt der prognostizierten 100 Millionen Umsatz nur mehr 80 Millionen Umsatz macht, so wird die Gewinnwarnung ausgesprochen. Obwohl das Unternehmen dennoch hohe Gewinne erzielen konnte, sinken die Kurse, da mit einem höheren Gewinn gerechnet wurde. Der Kurs wird dementsprechend angepasst.

Auch wenn es viele Faktoren gibt, die den Aktienkurs beeinflussen, so können Sie sich den Aktienmarkt dennoch als irrationalen Markt vorstellen. Gerade von Ängsten und Meldungen in Zeitungen und den Medien können Kurse sehr stark beeinflusst werden. Dies kann sowohl in einem Aufwärts-Trend, als auch in einem enormen Kursverlust resultieren. Angst und Gier können einen großen Hype auslösen. Jeder will sich an den vorausgesagten Gewinnen beteiligen - und das Prinzip Angebot und Nachfrage greift wieder. Genauso verleitet die Angst durch schlechte Nachrichten dazu, frühzeitig und zu schlechten Kursen zu verkaufen. Oft sollten Sie nicht jeder Meldung aus den Medien vertrauen. Überprüfen Sie sämtliche Meldungen selbst und handeln Sie dementsprechend. Lassen Sie sich auch niemals von einem Hype zu einem überstürzten Kauf zu einem zu hohen Preis verleiten. Oft werden diese Nachrichten von Konkurrenzunternehmen gestreut und haben den Zweck, die eigenen Aktienkurse besser entwickeln zu lassen. Vertrauen Sie nur auf Ihre eigenen Ergebnisse der Überprüfungen. Genauso sollten Sie sich nie dazu hinreißen lassen, andere von ihrer Meinung zu überzeugen. Das bedeutet nicht, dass Sie sich nicht aus unterschiedlichen Quellen Ihre Informationen besorgen sollten - ganz im Gegenteil - Sie sollten jedoch sämtliche Informationen gründlich auswerten und beurteilen.

Warum wird ein Broker benötigt?

Zuerst sollten wir den Begriff Broker genau definieren. Sicher haben Sie das Wort Broker schon oft gehört, jedoch wer oder was wird genau damit bezeichnet? Sehr häufig kommt es nämlich hier zu Verwechslungen. Online Banken, Online Broker und Makler werden oft verwechselt, da sich das Betätigungsfeld in manchen Punkten leicht überschneidet.

Als Broker wird jemand bezeichnet, der beruflich mit Wertpapieren handelt. Ein Broker tritt als Berater und Vermittler auf und arbeitet auf fremde Rechnung. Ein Broker hat sich auf Aktien und Wertpapiere spezialisiert und darf auch private Kunden betreuen.

Der Unterschied zwischen Broker und Trader besteht darin, dass der Broker stets in fremdem Auftrag handelt. Er führt somit die Aufträge seiner Kunden aus, während ein Trader in eigenem Interesse handelt. Wenn von einem Broker gesprochen wird, ist auch häufig eine Depotbank gemeint. Hier werden die Aufträge der Kunden an der Börse abgewickelt. Ob Depotbank oder Broker, beide handeln nicht auf eigene Rechnung, sondern auf Rechnung der Kunden.

Der Unterschied zwischen einem Broker und einer Bank liegt schlicht und einfach in der Banklizenz. Reine Broker wie zum Beispiel Flatex dürfen keine Konten führen - dies ist alleine Banken vorbehalten. Möchte man seine Aktien nun dort handeln, so muss ein eigenes Verrechnungskonto bei einer vertraglichen Partnerbank eingerichtet werden. Gerade Broker, die sich auf die Vermittlung von Wertpapieren spezialisiert haben, besitzen eine Banklizenz.

Wenn Sie nun vorhaben, mit Aktien zu handeln, sollten Sie sich nach einem guten Broker umsehen. Dazu sollten Sie auf jeden Fall zu Beginn einen aktuellen Brokervergleich im Internet durchführen. Hier werden Ihnen die unterschiedlichsten Möglichkeiten angeführt. Der Broker sollte gut und auch günstig sein.

Suchen Sie nach günstigen Paketangeboten - diese rentieren sich auf jeden Fall für alle, die viel handeln. Dabei ist es wichtig, auf niedrige Gebühren beim Einzelkauf von Wertpapieren zu achten. Auch gibt es Flatrate- Modelle, wo Sie zu einem festgelegten Festpreis handeln können.

Generell ist zu sagen, dass sich ein günstiger Broker hauptsächlich für alle rentiert, die sehr viel und häufig handeln. Dies ist vor allem für das Daytrading wichtig. Hier macht es durchaus Sinn, sich auch wenn der

Broker über keine Banklizenz verfügt, ein separates Konto anzulegen. Rechnen Sie sich unbedingt die Gebühren aus, die sowohl bei einem Broker, als auch bei der Bank anfallen. Auch wenn die Differenz nur minimal ist und vielleicht wenige Euro beträgt, sollten Sie diesen Betrag auf ein gesamtes Jahr aufrechnen und anschließend entscheiden.

Wenn Sie regelmäßig traden möchten, so ist es besser, sich nach einem ordentlichen Broker umzusehen und ein zusätzliches Konto für die Verrechnung einzurichten. Um dafür ein wenig Gespür zu erhalten, was Sie erwarten können, sollten Sie auf einem sogenannten Demokonto üben. Hier können Sie den Ernstfall durchspielen, ohne jedoch tatsächliches Geld einzusetzen. Sehen Sie das jedoch als Spiel und Training an und ärgern Sie sich nicht, wenn Sie einen hohen Gewinn erzielt hätten, diesen jedoch nicht verbuchen können, weil Sie ja nur in der Demoversion getradet haben. Es ist aber auf jeden Fall sehr empfehlenswert, auch die unterschiedlichen Strategien durchzuspielen und zu wissen, welche Strategie auf Sie persönlich am besten passt.

Um den optimalen Broker zu finden, ist es auch wichtig, die eigenen Ziele klar zu definieren. Sie müssen wissen, womit Sie handeln wollen und den Broker danach aussuchen. Möchten Sie CDF`s, Forex, Aktien, Anleihen oder Zertifikate handeln? Für jedes Fachgebiet gibt es Spezialisten und es ist natürlich sinnvoll, zum Handeln von Aktien einen Broker zu wählen, dessen Fachgebiet Wertpapiere sind. Sie werden bei Ihren Recherchen auch auf Anbieter stoßen, die sämtliche Möglichkeiten abdecken. Es ist jedoch auch hier meist besser, auf einen Spezialisten zu setzen, der sich einem bestimmten Zweig verschrieben hat. Zu den aktuell besten Brokern für Wertpapiere zählt zum Beispiel Degiro. Bei diesem Broker können sämtliche Wertpapiere der ganzen Welt gehandelt werden und die Gebühren pro Order beginnen bei einem Betrag von 2 Euro.

Was ist ein Musterdepot?

Bei einem Musterdepot handelt es sich um ein virtuelles Aktiendepot. Hier können Sie in die Welt der Börse hineinschnuppern und quasi auf spielerischem Weg Ihre ersten Schritte auf dem Parkett der Aktien üben. Es gleicht einem Spiel, wo Sie ohne finanziellen Einsatz Ihre Strategien ausprobieren können. Sie testen und üben das Handeln mit Aktien mit Spielgeld. So sammeln Sie Erfahrung, ohne tatsächliche Verluste verbuchen zu müssen. Natürlich können Sie mit einem Musterdepot auch keinerlei Gewinne einfahren. Es ist lediglich die Erfahrung, die Sie hier generieren. Für absolute Beginner in der Welt der Aktien ist es also ein „must-do", ein Musterdepot anzulegen.

Beim fiktiven Handeln mit Aktien sammeln Sie Routine und werden sattelfest. Sie merken auch schnell, ob Sie ein gutes Gefühl für den Aktienhandel haben und finden rasch heraus, wo Ihre Stärken und Schwächen liegen.

Auch wenn Sie schon etwas Erfahrung gesammelt haben, vielleicht möchten Sie nun eine neue Strategie ausprobieren. Auch hier kommt Ihnen wieder das Musterdepot zu Gute, denn alle Strategien können ohne Verluste durchgespielt werden, bis Sie sich auch damit sicher fühlen und echtes Geld einsetzen können.

Sie werden sehen, es macht auch tatsächlich Spaß, mit einem Musterdepot zu arbeiten, da Sie hier zwar den Nervenkitzel erleben, ohne jedoch mit finanziellen Verlusten rechnen zu müssen.

Melden Sie sich zum Beispiel bei Onvista an. Neben dem Musterportfolio können Sie sich hier auch eine sogenannte Watchlist einrichten. Auf dieser können Sie nun den Verlauf der bevorzugten Aktien verfolgen. Auch können Sie ein sogenanntes Wikifolio einrichten. Bevor Sie sich ein Musterdepot anlegen, informieren Sie sich über die Angebote, denn viele Musterdepots sind kostenlos, während für einige eine Gebühr anfällt. Nur zum Üben müssen Sie jedoch kein Geld ausgeben.

Auch wenn Sie sich durch das Üben mit dem Musterdepot fit und sicher fühlen - in der realen Welt sieht es meist noch anders aus. Dies ist zum Beispiel mit einer Teilnahme an einem Fernseh-Quiz zu vergleichen.

Während man in der Sicherheit der eigenen vier Wände immer die richtige Antwort weiß, so zögert man bei einer wirklichen Teilnahme garantiert häufiger. Lassen Sie sich dadurch aber nicht verunsichern, behalten Sie auch später immer einen kühlen Kopf, verlassen Sie sich auf Ihre geübten Strategien und seien Sie sich immer bewusst - Gewinn und auch Verlust gehören zum Traden an der Börse dazu. Nehmen Sie Verluste in Kauf, aber lassen Sie sich durch Verluste nicht von ihrer Strategie abbringen. Viele versuchen die eben eingefahrenen Verluste durch hohe und risikoreiche Transaktionen rasch wieder auszugleichen. Meist geht dies aber schief. Machen Sie auch nach einem Verlust weiter wie bisher. Behalten Sie Ihr Portfolio im Auge und nutzen Sie die Chance zu einem guten Verkauf. Warten Sie nicht, dass der Kurs noch höher steigt, sondern nehmen Sie die Option eines Gewinnes an, sobald diese sich zeigt. Auch viele kleine Gewinne ergeben unter dem Strich am Ende des Tages einen großen Gewinn. Ihre Emotionen sollten Sie vor dem Traden ablegen. Auch ist es eine ungeschriebene Regel, dass man niemals traden sollte, wenn man sich nicht gut fühlt. Weder große Euphorie, noch Wut, Hass oder Trauer sind gute Ratgeber beim Handeln. Vor Glück können Sie leicht gute Optionen übersehen, während Sie aus Wut oder Hass vorschnell handeln könnten. Ein ebenso ungeschriebenes Gesetz ist, keine emotionale Bindung zu bestimmten Wertpapieren aufzubauen. Aktien sind, was sie sind - Wertpapiere. Lassen Sie sich nicht von deren Entwicklung enttäuschen. Fällt eine Aktie wider Erwarten rasch, so nehmen Sie die erste Möglichkeit für einen Verkauf ohne große Verluste an. Nutzen Sie einen Fall der Kurse, um genau diese Aktie vielleicht zu einem späteren Zeitpunkt extrem billig zu ergattern. Der Aktienmarkt ist ein ständiges Auf und Ab. Jede Aktie die steigt, sinkt auch wieder, und jede Aktie, die sich im Keller befindet, steigt in der Regel auch wieder. Hier kommt es lediglich auf den richtigen Zeitpunkt an, den Sie erwischen müssen.

Was sind Fundamentalwerte

In diesem Kapitel gehen wir etwas näher in die Materie ein. Bei der Analyse der Fundamentalwerte versuchen Sie, einen fairen und angemessenen Preis der Aktien zu ermitteln. Denn alleine der Preis sagt nichts über den Wert der Aktie aus. Auf gut Deutsch heißt das nichts anderes, als dass eine Aktie, die zu einem hohen Preis gehandelt wird, nicht Schrott sein kann. Anders kann jedoch eine billige Aktie enormes Potential haben. Hier kommen nun die Fundamentalwerte ins Spiel.

Beim Ermitteln des inneren Wertes achten Sie nicht auf Chart-Analysen. Hier konzentrieren Sie sich rein auf wirtschaftliche Fakten und Zahlen. Auch das ökonomische Umfeld der einzelnen Unternehmen spielt bei den Fundamentalwerten eine große Rolle.

Die Fundamentalwerte basieren auf einer Analyse der Bilanz, der Dividendenrendite und dem Verhältnis des Kursgewinns. Für die Analyse der Fundamentalwerte benötigen Sie die einzelnen Kennzahlen, dadurch können Sie auch Unternehmen vergleichen, die eine unterschiedliche Größe haben. Hierfür werden die Quartalsberichte oder Jahresberichte der einzelnen Unternehmen verwendet und nach den verschiedenen Methoden aufgeschlüsselt und untersucht. Um vergleichbare Werte zu erhalten, müssen hierfür die Bilanzen nach einheitlichen Regeln aufgerechnet werden. Wie Sie die einzelnen Kennzahlen für die Fundamental-Analyse ermitteln, verraten wir Ihnen nun ausführlich im nächsten Kapitel.

Die Aktien- Kennzahlen

Nachdem der Kurs einer Aktie nicht wirklich etwas über den tatsächlichen Wert einer Aktie aussagt, müssen Sie sich anderer Techniken bedienen, um dies herauszufinden. Wichtig sind diese Kennzahlen natürlich für das Kaufen und Verkaufen. Durch das Ermitteln suchen Sie nach Aktien, die unter ihrem fairen Preis notiert sind, damit Sie diese Aktien gut einkaufen können. Verkaufen wollen Sie die Aktien, wenn Sie sich oberhalb des fairen Wertes befinden. So können Sie ziemlich simpel die größten Gewinne verbuchen. Merken Sie sich also gut, dass Sie niemals Aktien kaufen, die bereits überbewertet sind. Früher oder später werden sich diese Aktien ihrem tatsächlichen Wert annähern -infolgedessen also zwangsweise sinken. Beim Handeln mit Aktien wollen Sie jedoch nur Aktien, die steigen, um diese auch wieder gut verkaufen zu können.

Es ist natürlich nützlich, wenn Sie wissen, wie die einzelnen Werte ausgerechnet werden. Alleine dadurch verstehen Sie diese Werte auch und begreifen, was damit ausgesagt wird. Sie müssen diese jedoch nicht zwingend ausrechnen, da diese auf den meisten Portalen angeführt werden. Onvista oder Cortal führen sämtliche Kennzahlen zu den jeweiligen Aktien an, damit Sie schnell und sicher die unterschiedlichsten Aktien vergleichen können.

Der KGV - das Kurs- und Gewinnverhältnis

Der KGV setzt den Kurs der Aktie ins Verhältnis zum Gewinn des Unternehmens. Dieser Wert ist eine tolle Möglichkeit, um herauszufinden, ob die Aktie nun günstig oder teuer ist.
Um den KGV zu ermitteln, benötigen Sie den Gewinn des Unternehmens und die Anzahl der Aktien. Hierfür können Sie sowohl den Gewinn des Vorjahres verwenden, aber auch den angenommenen Gewinn des laufenden Jahres anwenden. Der Gewinn wird nun durch die Anzahl der einzelnen Aktien geteilt. Teilen Sie nun den Börsenkurs durch den errechneten Gewinn pro Aktie, schon haben Sie den KGV errechnet. Dieser Wert sagt aus, wie viel Sie ausgeben müssen, um einen Gewinn-Euro zu erhalten.

KGV = Kurs /(Gewinn / Aktie)

Anhand des KGV‘s können Sie nun die einzelnen Unternehmen vergleichen. Je niedriger der KGV ist, desto günstiger ist in der Regel auch die Aktie. Aktien, die einen niedrigeren KGV als 10 haben, sind sehr günstig. Hier lohnt es sich auf jeden Fall zu investieren. Ein KGV kann jedoch nur berechnet werden, wenn das Unternehmen auch tatsächlich Gewinne einfährt. Wachstumsaktien, deren Unternehmen enorme Gewinne verbuchen, weisen einen höheren KGV auf, als sogenannte Substanzaktien. Betrachten Sie Aktien mit einem hohen KGV stets skeptisch. In der Vergangenheit war eine Vielzahl an Aktien mit einem KGV von mehr als 50 bewertet, dies führte im Anschluss zum Börsencrash.

Der KGV kann nicht auf alle Aktien und auf alle Unternehmen angewendet werden. Aus diesem Grund und auch aus dem Grund der Genauigkeit, sollten Sie stets mehr als nur eine Kennzahl für den direkten Vergleich der Aktien und Unternehmen verwenden.

Der PEG - die Price Earnings Growth Ratio

Der PEG ist gerade bei Wachstumsaktien eine gute Sache, um die Aussage eines KGV's zu verstärken. Der PEG wird errechnet, indem man das Kurs-Gewinn- Verhältnis einer Aktie mit dem langfristigen Wachstum des Gewinnes vergleicht. Ein PEG Wert unter 1 ist günstig, ein PEG Wert über 1 gilt als teuer. Mit dem PEG sehen Sie, ob das Verhältnis von Kurs-Gewinn durch die Wachstumsrate zu rechtfertigen ist oder eher nicht.

PEG = KGV / Wachstumsrate

Den KGV und auch den PEG können Sie nicht anwenden, wenn Sie internationale Unternehmen vergleichen möchten. Hier wird wegen unterschiedlicher Rechtslagen der Gewinn unterschiedlich berechnet. Doch auch für den internationalen Vergleich gibt es Kennzahlen, die Sie bequem anwenden können.

Der KCV - das Kurs- Cashflow-Verhältnis

Je niedriger der KCV ist, desto günstiger ist auch die Aktie zu bewerten. Der KCV kann auch berechnet werden, wenn das besagte Unternehmen keine Gewinne, ja sogar Verluste einfährt. Durch den Cashflow sehen Sie, wie hoch die Zahlkraft des Unternehmens ist. Diese Kennzahl sagt dadurch viel über die finanzielle Gesundheit des jeweiligen Unternehmens aus. Der KCV ist jedoch kein Wert, der kurzfristig angesehen werden darf. Sie müssen immer KCV's mehrerer Jahre vergleichen, da diese stark schwanken. Auch ist es wichtig, bei den Berechnungen sicherzustellen, dass für diese gleiche Cashflow- Werte herangezogen wurden. Es können nur Kennzahlen verglichen werden, die entweder beide auf Brutto- Cashflow, oder beide auf freiem Cashflow basieren.

KCV = Kurs / Cashflow / Aktie

Das KUV - das Kurs- Umsatz-Verhältnis

Um sicherzugehen, dass einige Werte, durchaus legal, manipuliert wurden, ist es empfehlenswert, auch den KUV in die Betrachtung mit einzubeziehen. Beim KUV wird der Aktienkurs ins Verhältnis zum Umsatz pro Aktie gesetzt. Beim KUV sollten Sie wieder auf eine möglichst niedrige Kennzahl achten. Ein KUV über 1,5 sagt meist aus, dass die Aktie viel zu teuer ist. Auch hier gilt jedoch wieder, dass nur der Vergleich mit vielen anderen Kennzahlen eine gute Aussage über die Aktien machen kann.

KUV = Kurs / Umsatz pro Aktie

Der KBV - das Kurs- Buchwert Verhältnis

Beim Buchwert spricht man vom bereinigten Eigenkapital des jeweiligen Unternehmens. Man spricht hier von einer auf Substanz orientierten Kennzahl, die sich für konservative Anleger und sogenannte Blue Chips eignet. Blue Chips sind solide und große Unternehmen, die einen hohen Börsenwert haben. Hier wird der Kurs der Aktie durch den Buchwert der Aktie geteilt.

KBV = Kurs / Buchwert per Aktie

Die Dividendenrendite

Auch die Dividendenrendite ist eine wichtige Kennzahl. Von der Dividende spricht man, wenn der Teil des Gewinnes bezeichnet wird, der an die Aktionäre ausgeschüttet wird. Viele große DAX Unternehmen und auch andere schütten regelmäßig diese Dividenden aus und machen die Aktien somit doppelt lukrativ.

Doch nicht die Dividende selbst, sondern die sogenannte Dividendenrendite wird zum Vergleich als Kennzahl verwendet. Diese berechnet sich, indem man den Wert der Dividende durch den Wert der Aktie teilt und das Ergebnis mal 100 rechnet. Am DivDax, dem Index für die 15 Dax Unternehmen mit der höchsten Dividendenrendite können Sie sämtliche Zahlen immer im Auge behalten.

Dividendenrendite = (Dividende / Aktienwert) x 100

Nun haben Sie die unterschiedlichen Kennzahlen kennengelernt, und wissen auch, wie man diese berechnet. Durch das Wissen, wie man an diese Zahlen gelangt, erhalten Sie einen guten Eindruck davon, was mit den einzelnen Zahlen auch wirklich ausgesagt wird. Zum leichteren Verständnis nehmen Sie am besten selbst eine Aktie und ein Unternehmen Ihrer Wahl her und rechnen alle Kennzahlen selbst aus. Machen Sie sich hierfür ruhig Notizen, denn alles was aufgeschrieben wird, bleibt meist auch verständlich haften.

KGV, KCV, KUV und Dividendenrendite werden Ihnen auf Ihrem Weg durch die Welt der Aktien garantiert von großem Nutzen sein. Um aber wirklich erfolgreich mit Aktien zu handeln, sollten Sie sich auch diverse Strategien aneignen. Die wichtigsten Strategien werden wir Ihnen nun im nächsten Kapitel ausführlich näher bringen.

Die Strategien

Auch wenn Sie sich fragen, warum Sie sich an Strategien halten sollen - sie führen nachgewiesenermaßen einfacher und zielorientierter zum Erfolg. Es ist natürlich wichtig, dass Sie die Strategien nicht nur kennen, sondern auch umsetzen. Die beste Strategie ist wirkungslos, wenn sie in der Theorie verfasst wurde, in der Praxis jedoch nicht oder nur zum Teil angewandt wird. Die wichtigste Voraussetzung beim Traden am Aktienmarkt ist natürlich die Disziplin und die kommt nun bei den Strategien voll zum Einsatz.

Punkt Eins ist, dass Sie sich nicht von ach so tollen Verlockungen verführen lassen dürfen. Zweifelsohne lauern diese auch auf dem Aktienmarkt an allen Ecken und Enden. Folgen Sie jedoch immer Ihren Plänen und Vorsätzen. Kaufen Sie nicht gedankenlos wie wild ein, nur weil die Preise und Prognosen im Moment besonders rosig sind oder die Aktien von der breiten Masse besonders gehypt werden. Haben Sie nun die für Sie passende Strategie gefunden, halten Sie daran diszipliniert fest. Dies wird Ihnen garantiert einen langfristigen Erfolg beim Handeln mit Aktien einbringen. Das Sprichwort, dass sich langfristig nur Disziplin auszahlt, das lässt sich auch eins zu eins auf die Börse übertragen.

Wie finde ich die richtige Strategie?

Aktien-Strategien gibt es wie Sand am Meer und manche sind einfach anzuwenden, für andere benötigen Sie jahrelange Erfahrung. Es gibt Strategien, die nur mit hochwertiger und komplizierter Software ausgeführt werden können. Das typische Bild eines Daytraders ist jenes, dass der Arbeitsplatz mit vielen Bildschirmen bestückt ist, die natürlich alle auf Hochtouren laufen. Doch Sie müssen jetzt nicht in Panik verfallen, wir verraten Ihnen in diesem Ratgeber einige sehr einfache und wirksame Strategien, die Sie simpel, aber dennoch mit Disziplin ausführen können. Wir begleiten Sie bei den einzelnen Schritten und erklären, wie Sie die Strategie der relativen Stärke und die Dividendenstrategie anwenden können. Auch die Absicherung Ihres Vermögens und ein gutes Money-Management sind hierbei wichtig und werden in den nächsten Kapiteln für Sie verständlich erklärt.

Die Aktienstrategie der relativen Stärke

Diese Strategie hat den Ruf, eine der wirkungsvollsten zu sein. Sie hat sich in der Vergangenheit absolut bewährt. Natürlich ist das keine Garantie, dass sie auch in Zukunft immer gut funktionieren wird, aber die Zeichen zeigen in eine Richtung, die besagt, dass Sie mit der Strategie der relativen Stärke immer gut fahren können.

Bei der relativen Stärke wird jener Wert berechnet, der Auskunft darüber gibt, wie sich die Aktie verglichen mit dem gesamten Markt verhält. Wenn sich nun eine Aktie schlechter als der Index entwickelt, so wird von einer geringen relativen Stärke gesprochen. Die Aktie gilt somit als relativ schwach. Wenn sich die Aktie jedoch besser als der Index entwickelt, dann spricht man von einer hohen relativen Stärke. Sie werden in diesem Zusammenhang auch häufig von einer guten oder schlechten Performance hören oder lesen.

Die Berechnung der relativen Stärke nach Levy

Dazu vergleichen Sie die Entwicklung der Aktie nicht mit dem Index oder dem Markt, sondern ziehen zum Vergleich die eigene Entwicklung der Aktie heran. Laut Vergangenheit verlässt sich diese Strategie der relativen Stärke darauf, dass eine Aktie, die sich im Vorjahr stark entwickelt hat, auch im Folgejahr gut entwickeln wird. Hier kommt der Spruch zum Einsatz: Gewinner bleiben auf der Gewinnerstraße.

Genau hier passiert den meisten Einsteigern der Fehler, dass sie auf Aktien setzen, die gerade viel verloren haben und im Großen und Ganzen schon langfristig auf dem absteigenden Ast sind. Glauben Sie nie, dass eine Aktie nicht noch tiefer fallen kann, denn historische Ereignisse bezeugen, dass auch Verlierer meist auf der Verliererstraße bleiben. Konzentrieren Sie sich also bei Ihrer ersten Auswahl auf Aktien, die bisher auch zu den Gewinnern zählen durften.

Wie berechnet man die relative Stärke?

1. Notieren Sie sich den Monatsschlusskurs der letzten 15 Monate.
2. Bilden Sie damit einen durchschnittlichen Wert.

3. Teilen Sie den aktuellen Kurs durch den durchschnittlichen Kurs der letzten 15 Monate.

So können Sie sich eine Liste erstellen, auf der die relative Stärke der einzelnen Aktien vermerkt ist. Auch hier ist es gut, wenn Sie wissen, wie Sie diese Werte berechnen können, doch auch die relative Stärke wird auf vielen Portalen wie Onvista und Cortal angeführt. Sie finden dort von sämtlichen Aktien die Tabellen mit den relativen Stärken und können so ganz einfach Ihre persönlichen Analysen und Vergleiche durchführen.

Es wäre natürlich viel zu einfach, wenn Sie die relative Stärke alleine anwenden könnten, doch für eine perfekte Analyse sind noch weitere Schritte notwendig. Wie Sie die relative Stärke in Kombination mit anderen Kennzahlen anwenden, verraten wir Ihnen im nächsten Kapitel.

Wie wende ich die relative Stärke an?

Durch eine hohe relative Stärke erfahren Sie, dass sich die Aktie in letzter Zeit sehr gut entwickelt hat. Die Aktie befindet sich somit aktuell im Aufwärtstrend und man könnte vermuten, dass sich dieser Trend auch fortsetzen wird. Dies kann auch rein theoretisch möglich sein, sofern es sich nicht um eine Aktie handelt, die zum aktuellen Zeitpunkt schon heillos überbewertet wurde. Ist dies der Fall, so wird diese über kurz oder lang fallen, egal was die relative Stärke im Moment aussagt.

Finden Sie nun also heraus, ob die Aktie fair, günstig oder teuer bewertet ist. Dies lässt sich sehr gut mit einer Kombination der relativen Stärke und dem KUV herausfinden. Wie Sie diesen berechnen, haben Sie in einem der vorgehenden Kapitel schon erfahren.

Ein noch sichererer Weg ist jene Strategie von James P.O`Shaughnessy. Dieser empfiehlt, stets mehr Indikatoren zu Rate zu ziehen.

Berechnen Sie nun die relative Stärke aller Aktien, für die Sie sich interessieren und konzentrieren Sie sich auf das oberste Drittel dieser Liste.

Nun finden Sie die Marktführer dieser Liste heraus. Es ist erwiesen, dass Marktführer statistisch immer besser abschneiden als andere Betriebe. Nun beginnen Sie zu rechnen und versuchen Sie, einen dieser Marktführer günstig einzukaufen.

Lassen Sie dabei aber auch die anderen Kennzahlen nicht außer Acht. Prüfen Sie die Aktien sowohl mittels KUV, KGV, KBV, KCV und auch die

Kennzahl des PEG Ratios. Wenn das Gesamtpaket stimmt, dann schlagen Sie zu.

Durch diese Strategie kristallisieren Sie jene Aktien heraus, die sich sowohl im Trend nach oben befinden, aber dennoch günstig einzukaufen sind.

Die Dividendenstrategie nach Graham

Bei der Dividendenstrategie nach Graham handelt es sich um eine sehr konservative Strategie, mit deren Hilfe Sie dennoch hervorragende Gewinne erzielen können. Diese ist vielleicht deshalb gerade bei Einsteigern besonders beliebt.

Für diese Strategie benötigen Sie die Dividendenrendite. Für diese Strategie wird angenommen, dass jedes Unternehmen, das hohe Dividenden ausschütten kann, sich in einer wirtschaftlich guten Lage befindet. Für die Dividendenrendite nehmen Sie aus dem Index die 10 Aktien und Unternehmen, welche die höchsten Dividenden ausschütten. Diese Werte werden nun monatlich verglichen und Aktien dementsprechend ausgetauscht oder angepasst. Diese Strategie ist natürlich nur für Trader geeignet, die auf Langfristigkeit setzen. Sie benötigen für die Umsetzung nicht viel Zeit, es ist einfach zu vergleichen und Sie bekommen dafür die Sicherheit, dass sich Ihr Portfolio im grünen Bereich befindet.

Bei dieser Methode arbeiten Sie also sehr konservativ, es können dadurch natürlich auch kurzfristige und gute Kursgewinne verpasst werden. Hier müssen Sie für sich selbst entscheiden, ob Sie lieber langfristig und sicher investieren, oder von hohen Renditen profitieren wollen und dabei Risiken eingehen.

- Listen Sie die Dividendenrenditen der Aktien eines Index auf.
- Wählen Sie die 10 höchsten Aktien.
- Prüfen Sie monatlich und schichten Sie eventuell um.
- Halten Sie die Aktien für ein Jahr.
- Vergleichen, umschichten, halten oder verkaufen

Die Dividenden Low 5- Strategie

Die Dividenden Low 5- Strategie wurde bisher mit Erfolg hauptsächlich in den Vereinigten Staaten und in Deutschland angewendet. Auch hierbei werden aus dem Index die 10 Aktien mit der höchsten Dividendenrendite ausgewählt. Von diesen 10 werden nun allerdings die 5 Aktien mit den niedrigsten Werten ausgewählt und auf das eigene Portfolio gepackt - darum auch Low 5- Strategie. Der weitere Vorgang ist wieder gleich der vorherigen Strategie nach Graham. Hier wird einfach der psychologische Effekt miteinbezogen, dass viele nach einem optisch günstigeren Wertpapier greifen. Bei dieser Strategie wird jedoch immer nur von einem Quartal bis zum nächsten gehalten und die Aktien danach verkauft.

Die Sequenzhandel- Strategie

Diese beliebte, aber schon etwas ausgefeilte Strategie basiert auf der technischen Analyse. Sie setzt sich aus folgenden Bausteinen zusammen:

- Handeln mit CDF‘s
- Kursprognosen
- Einstiegstechnik
- Stopptechnik
- Kapitalmanagement

Hierbei steht natürlich das Geldmanagement im Vordergrund. Bei dieser Aktienstrategie begrenzt man schon im Vorfeld die möglichen Verluste auf ein Minimum. Die 1% Regel, die das Money-Management prägt, kommt hier direkt zum Einsatz. Bei dieser Strategie muss man keinerlei Vorkenntnisse haben und kann sich auf das Wesentliche beschränken. Die Sequenzhandel- Strategie ist auf allen Märkten, international, und auch bei Rohstoffen, Gold und Währungen anwendbar. Es werden nur wenige Minuten Zeiteinsatz täglich benötigt und sämtliche Analysen können vor oder nach Börsenschluss durchgeführt werden.

Money- Management

Money- Management ist kein Unterfangen nur für Neulinge, sondern für alle, die im Handel mit Aktien an der Börse unterwegs sind. Doch gerade am Anfang sollte man sich strikt an das Money- Management halten. Es geht darum, nicht einfach und kopflos Aktien zu kaufen und jedem heißen Tipp von Foren und vermeintlichen Experten zu folgen.

Aktien, die fallen, sollten auch abgestoßen werden. Niemand sollte an fallenden Aktien festhalten. Neulinge werden oft als Trader bezeichnet, die wie Affen den Stein festhalten. Wenn der Kurs in den Keller rasselt, dann hilft weder ein Beten, noch ein Hoffen - einzig alleine durch rasches und durchdachtes Handeln kann hier die Situation noch gerettet werden. Sie müssen lernen, mit kühlem Kopf zu rechnen und auch zu handeln. Sie steuern damit Ihre Verluste selbst und haben es im Griff, nicht später vor dem finanziellen Ruin zu stehen.

Bestimmen Sie Ihr Kapital für die Börse

Sie müssen sich klare Grenzen setzen und einen Betrag festlegen, den Sie investieren möchten. Doch auch von diesem Betrag, den Sie wirklich erübrigen können, setzen Sie nicht alles in Aktien an. Ein gutes Money-Management besagt, dass Sie auch ihr Investment breit streuen. Mischen Sie Ihr Investment und legen Sie auch in Anleihen, Immobilien, oder eben ganz aktuell in Kryptowährungen an. Zusätzlich sollten Sie immer eine kleine Bargeldreserve zur Hand haben, um unvorhergesehene Dinge bezahlen zu können oder auch bei einer ganz tollen Möglichkeit zugreifen zu können**. Die oberste Devise muss lauten: Niemals auf Kredit an der Börse spekulieren.**

Legen Sie eine Grenze fest, die Ihren maximal tolerierten Verlust beschreibt

Natürlich kann man hier nicht sagen, wie viel Verlust für jeden einzelnen tolerierbar ist. Viele akzeptieren lediglich Verluste mit 1%, andere lassen die Toleranzgrenze bis zu 10% hin offen. Sie müssen so kalkulieren, dass Sie dieser Verlust auch tatsächlich nicht betroffen macht. Diesen Verlust müssen Sie eiskalt verdauen und verarbeiten können.

Legen Sie Ihr maximales und persönliches Risiko fest

Hier legen Sie fest, welches Risiko Sie pro einzelnen Aktienposten eingehen wollen. Üblich sind hier 1%, doch individuell kann auch risikoreicher gehandelt werden und ein Risiko von 2oder 3% festgelegt werden.

Bestimmen Sie die Aktien pro Position

In unserem Rechenbeispiel nehmen Sie nun eine Aktie, die mit 100 Euro notiert ist. Sie legen den Stoppkurs bei 90 Euro fest.

Daraus können Sie nun mit folgender Formel die Anzahl der Aktien errechnen:

Maximales Risiko pro Position / (aktueller Kurs x 1,018)- (Stoppkurs x 0,982)

Mit diesem Ergebnis haben Sie nun berechnet, wie viele Aktien Sie unter Berücksichtigung Ihres Money- Managements von der Aktie kaufen sollten. So können Sie im Vorfeld einen maximalen Verlust eingrenzen, falls Sie die Aktien zum Stoppkurs verkaufen müssen. Bei dieser Berechnung wurde auch schon einkalkuliert, dass es nicht immer exakt mit dem Stoppkurs übereinstimmt und manches Mal die Aktien um einen Hauch schlechter verkauft werden.

Die technische Analyse

Sie haben bereits die fundamentale Analyse mittels KGV, KUV, KCV und anderen Kennzahlen kennengelernt. Die Fundamentalanalyse beruht auf rein wirtschaftlichen Faktoren. So wird der angemessene Wert der Aktien herausgefunden.

Bei der technischen Analyse, die auch Chartanalyse genannt wird, erfahren Sie anhand der diversen Formationen auf den Charts, wann ein guter Zeitpunkt für den Kauf und den Verkauf ist. Ausgeklügelte Analysten beharren darauf, dass gewisse Formen der Charts und Muster auf ein bestimmtes Verhalten der Aktien hinweisen. Diese Methode beruht natürlich nicht auf wissenschaftlichen Ergebnissen, die guten Erfolge damit und die langjährige Erfahrung gibt dieser Analyse dennoch Recht.

Am besten ist es jedoch auch hier, wenn Sie sich nicht nur auf eine Methode verlassen, sondern die Chartanalyse in die fundamentale Analyse miteinbeziehen und so ein bestmögliches Ergebnis erzielen.

Ein bedeutender Grund, dass diese Methode so gut funktioniert, ist, dass eine große Gemeinschaft an Anlegern damit arbeitet und darauf vertraut. Wenn die Mehrheit daran glaubt, dass eine Formation mit dem Namen Shoulder-Head-Shoulder ein Zeichen für den Verkauf ist, dann verkauft die Mehrheit zu diesem Zeitpunkt auch und der Kurs fällt. Dies nennt man auch eine selbst erfüllende Prophezeiung. Es wird somit ein fortlaufender Trend mit der Psychologie des Menschen verbunden und so können relativ sichere Prognosen gestellt werden.

Die Charts beschreiben die geographische Abbildung der Kurse über einen gewissen Zeitraum. In diesen Formationen wird von Analysten nun nach Formationen gesucht, die immer wieder vorkommen. Diese sollen nun Auskunft über die Trends der Aktien und des Marktes geben und über bestimmte Möglichkeiten und Signale zum Einstieg und Ausstieg geben.

Ein wichtiges Werkzeug der technischen Analyse ist die Trendbestimmung. Hier stellen Sie fest, ob sich die Aktie generell in einem Aufwärtstrend oder in einem Abwärtstrend befindet. Zu Beginn werden Sie aus den Charts nur Zacken herauslesen können. Wenn Sie eine sogenannte Durchschnittkurve anlegen, so können Sie diese Wogen glätten. Dazu verwenden Sie am besten die 200 Tage- Linie oder auch die 38 Tage- Linie. Wenn der Chart die Durchschnittslinie nun von unten durchbricht, so wird dies als Kaufsignal gewertet. Die technische Analyse sagt aus, dass die Aktie nun an einem Tiefstand angekommen und günstig zu kaufen ist. Wird die Durchschnittslinie vom Chart nun oberhalb unterbrochen, so ist dies ein Signal für einen Verkauf. Je weiter nach oben sich der Kursverlauf bewegt, umso eher müssen Sie auch mit einem Kurseinbruch rechnen. Kaufen und verkaufen Sie optimaler Weise immer nur knapp an den Schnittpunkten.

Auch Oszillatoren sind ein wichtiger Indikator für die technische Analyse. Sie ermitteln ihn, indem Sie ein Schaubild erstellen. Nun tragen Sie auf der Y-Achse in der Mitte 0 ein. An den Extrempunkten vermerken Sie unten -100% und oben +100%. Parallel zur X-Achse zeichnen Sie nun an der 0 eine Linie. Diese steht für den gleitenden Durchschnitt. Nun wird auf der Zeitlinie der X-Achse der prozentuale Abstand zwischen Kurs und gleitendem Durchschnitt eingetragen. Daraus ergibt sich eine Kurve, die sich Oszillator nennt. Durch die Nulllinie wird nun die Kaufzone von der Verkaufszone getrennt.

Arbeiten mit Trendkanälen

Auch dies wird als Werkzeug der technischen Analyse bezeichnet. Sie suchen hierfür auf den Charts nach Trendkanälen. Es werden Hoch- und Tiefpunkte auf den Charts erstellt. Diese nennt man auch Widerstandslinie und Unterstützungslinie. Wenn beide Linien annähernd parallel verlaufen, so ist die Rede von einem Trendkanal. Wird dieser nun entweder nach oben oder nach unten durchbrochen, so kann dies als Zeichen zum Kauf oder zum Verkauf gewertet werden.

Lesen Sie sich ruhig in die einzelnen Formationen ein und finden Sie welche, mit denen Sie gerne arbeiten. Neben der Shoulder-Head-Shoulder (Schulter-Kopf-Schulter) Formation sind bekannte Muster der Wimpel, der Doppelboden oder auch der Keil. Diese Muster (Pattern) sollten aber nicht alleine für Ihre Entscheidung verantwortlich sein. Sie sollten nur zur Unterstützung dienen und Ihnen im Zweifelsfall die Entscheidung leichter machen, da Sie mit Ihrem bisherigen Ergebnis konform gehen.

Auch die Candlestick- Charts sind überaus beliebt. Hier können Sie auch das Volumen der Käufe und Verkäufe miteinbeziehen.

Das Setzen eines Stoppkurses

Im Vorfeld haben wir bereits über einen Stoppkurs gesprochen. In diesem Kapitel erfahren Sie nun, wie Sie diesen setzen können und vor allem auch warum.

Niemand möchte große Verluste verbuchen müssen und je größer der Verlust ist, umso schwieriger ist dieser auch wieder aufzuholen. Während Sie einen Verlust von 20% vielleicht durch einen sehr lukrativen Trade noch aufholen und ausgleichen können, wird das bei einem Minus von 50% schon bedeutend schwieriger.

Wenn Sie bemerken, der Kurs fällt, sitzen Sie nicht versteinert da, verschließen Sie nicht die Augen, sondern handeln Sie, hier und jetzt. Doch immer kann auch der beste Trader nicht vor dem Bildschirm sitzen und die Kurse beobachten. Für diesen Fall wird ein Stoppkurs benötigt. Auch aus dem Grund, da man sich sonst zu einem späteren und schlechteren Kauf verleiten lassen könnte. Eben aus dem Prinzip der Hoffnung, dass der Kurs wieder steigt.

Den Stoppkurs können Sie sofort beim Kauf einer Aktie setzen, es ist aber auch möglich, ihn jederzeit später einzutragen. Ist die Aktie nun auf den Betrag X, vielleicht 60 Euro notiert, dann setzen Sie den Stoppkurs auf 54 Euro. Dieser gilt von nun an als Limit und die Aktie wird verkauft, wenn sich der Kurs verschlechtert und droht, unter diesen Wert zu fallen. Somit grenzen Sie Ihr Risiko bedeutend ein. Sind Sie gerade abwesend, so müssen Sie nicht permanent bangen, die Aktie wird im Fall der Fälle verkauft.

Ein wichtiger Punkt ist, dass Sie den Stoppkurs auch ständig neu adjustieren. Das heißt, gewinnt Ihre Aktie an Wert, so setzen Sie auch den Stoppkurs nach oben. Sie wollen ja vom bisherigen Gewinn profitieren und nicht warten, bis die Aktie wieder den ursprünglichen Kurs oder einen noch schlechteren erreicht hat.

Bei einer Chartanalyse ist es üblich, den Stoppkurs knapp unter das letzte Kurstief zu setzen. Ein Stoppkurs bietet zwar eine gewisse Sicherheit, doch er funktioniert nicht immer. Sie müssen stets damit rechnen, dass die Aktie etwas billiger als gewünscht verkauft wird. Daher wurde bei unserer Rechnung für Ihr Money- Management dieser

Wert schon miteinbezogen. Von Verkäufen unterhalb des Stoppkurses sind häufig Aktien mit kleinen Werten betroffen, die großen Schwankungen unterlegen sind. Daher sollten Sie diesen zusätzlichen Verlust immer in Ihre Berechnungen miteinbeziehen.

Auch in einem Fall der Pleite ist der Stoppkurs nutzlos. Wenn die Aktie auf null fällt, so fällt diese und kann nicht zum gewünschten Stoppkurs verkauft werden. Jedoch brauchen Sie nun nicht in Panik verfallen, dies kommt äußerst selten vor. Meist sind davon sehr kleine Unternehmen betroffen und das Risiko ist schon im Vorfeld eindeutig. Hier hilft es nur, wenn Sie von vornherein den Einsatz relativ gering halten. Hier kommt wieder das Money- Management zum Einsatz, mit dessen Hilfe Sie sich ausrechnen können, wie viele Aktien Sie kaufen können und dennoch den eventuellen Verlust mit maximal einem Prozent eingrenzen können.

Im nächsten Kapitel erfahren Sie, wie Sie Ihr Vermögen zusätzlich absichern können. Nun werden Sie langsam bemerken, dass das Handeln an der Börse mehr als ein Glücksspiel ist. Mit den richtigen Techniken und Strategien und mit dem essentiellen Know-how können sich viele Risikofaktoren auf ein Minimum reduzieren lassen. Natürlich bleibt stets ein kleines Risiko bestehen, welches aber im Gegenzug durch sehr hohe Gewinne ausgeglichen werden kann.

Die Absicherung des Vermögens

Nachdem Sie nun günstige Aktien gefunden haben und Sie wissen, wie diese mit Strategien funktionieren, ist es wichtig, auch einen intensiveren Blick auf die Absicherung des Vermögens zu lenken. Es ist wichtig, dass Sie sich wirklich mit sämtlichen Punkten beschäftigen, denn nur so können Sie auf Dauer Erfolg mit Aktien und an der Börse haben.

Ein Gesetz der Börse besagt, dass diese immer von einem Aufschwung und einem Abschwung geprägt ist. Hier spricht man von einer Hausse, dem Börsenboom, und einer Baisse, dem Abschwung. Aber genau von diesen Bewegungen profitieren Sie, denn Sie wollen ja Aktien zu günstigen Preisen, also während einer Baisse, einkaufen und diese während einer Hausse wieder gewinnbringend verkaufen.

Um nun die Risiken allzu großer Verluste zu minimieren, ist es wichtig, dass Sie die Signale für den Einstieg und Ausstieg, also für den Kauf und Verkauf, richtig deuten können.

Wenn in den Medien und auch auf der Straße viel und ständig von Aktien geredet wird, so ist dies meist ein Zeichen, dass ein Börsencrash naht. Wenn man Andre Kostolany zitiert, dann ist die Börse, sobald sie Talk of Town ist, auf dem absteigenden Ast und man sollte die Signale zum Verkauf nutzen. Meist findet hier noch ein enormer Aufschwung statt, da viele dieses Gerede falsch deuten. Wenn Sie also zu diesem Zeitpunkt verkaufen, nehmen Sie zusätzliche Gewinne mit, sind jedoch später vom Katzenjammer des Crashs nicht betroffen.

Auch wenn Klatschzeitungen und die Yellow Press den Kauf bestimmter Aktien empfehlen, sollten Sie eher an den Verkauf denken. Auch hier ist wieder das Prinzip: Eine große Menge an Menschen folgt dem Beispiel, Sie profitieren vom jetzigen Verkauf, streifen Profit ein und kurze Zeit später gehen die Kurse stark nach unten. Es ist traurig aber wahr, Zeitungen wie Bild, Krone oder Gala sind meist als umgekehrter Barometer zu werten.

Halten Sie sich an die deutsche Umlaufrendite für deutsche Aktien oder die Rendite der 10-jährigen US- Anleihen. Je höher hier die Zinsen steigen, die Sie anhand der Umlaufrendite erkennen, desto höher wird am Aktienmarkt das Risiko.

Hier wollen wir Ihnen ein Beispiel verraten, wie Sie den idealen Zeitpunkt für den Einstieg und Ausstieg berechnen. Diese Theorie basiert auf den Erfahrungen eines Börsenspezialisten namens Bernd Rittmann, der zu diesem Thema auch schon viele Bücher veröffentlicht hat.

- Dazu müssen Sie sich zuerst den Wochenschlusskurs der Umlaufrendite notieren. Diesen finden Sie zum Beispiel unter handelsblatt.com.
- Danach berechnen Sie den 4-wöchigen Durchschnittskurs.
- Nun ermitteln Sie die Höchststände und die Tiefststände.
- Als Einstiegssignal gilt jener Zeitpunkt, wenn der Kurs um mindestens 13% unter seinem letzten Hoch liegt.
- Als Ausstiegssignal gilt jener Zeitpunkt, wenn der Kurs seit seinem letzten Tief um mindestens 20% gestiegen ist.

Natürlich müssen Sie diese Werte individuell etwas anpassen, wenn Sie eine Aktie nicht optimal gekauft haben und dies durch einen perfekten Verkauf wieder ausgleichen wollen. Zu lange sollten Sie jedoch nach diesen Signalen nicht warten, denn oft haben sich die Prognosen schon in kürzester Zeit bewahrheitet und die Kurse sind extrem gestiegen oder gesunken. Wenn Sie nun den Einstieg verpasst haben, machen Sie sich keine Gedanken mehr um diese Aktie.

Ihre nächste gute Chance kommt garantiert. Sie haben in diesem Fall nichts verloren, nur eine Chance verpasst. Doch an der Börse warten solche Chancen beinahe im Minutentakt, man muss sie nur finden und wahrnehmen.

Ein weiterer Börsenspezialist und Buchautor ist der Schöpfer der nächsten Methode für einen perfekten Ein- und Ausstieg. Uwe Lang verwendet als Indikator eine Mischung aus Umlaufrendite und dem Ölpreis. Je höher der Ölpreis steigt, desto wahrscheinlicher können Sie mit einem Rückgang der Kurse rechnen. Somit können Sie hier gute Möglichkeiten für einen Einstieg finden.

Auch der Dollar wird als Zeichen angesehen und miteingerechnet. Ist der Dollar stark, so werden Wirtschaft und Entwicklungen begünstigt und die Kurse tendieren dazu, zu steigen. Ein schwacher Dollar hingegen stellt immer ein wirtschaftliches Risiko dar.

Nun haben Sie also das Ausstiegssignal erkannt und sollten wirklich zeitnah handeln. Es ist wichtig, dass Sie hier unbedingt Disziplin entwickeln. Nur so kann das Gelernte zu Ihren Gunsten verwendet und umgesetzt werden. Ertönt das Signal für den Ausstieg, sollten Sie nicht nach vorne und auch nicht zurück blicken, sondern verkaufen. Punkt und aus.

Auch sollten Sie nicht wahllos und ohne Signal zum Einstieg kaufen. Nur weil das Geld zum Investment verfügbar ist, bedeutet dies nicht, dass Sie es in überteuerte Aktien stecken müssen. Warten Sie ruhig, meist dauert es nur Minuten, Stunden oder auch Tage, bis Sie ein passendes Objekt Ihrer Begierde gefunden haben und zu perfekten Konditionen investieren können. Sie können das Geld in der Zwischenzeit ja auf ein sogenanntes Tagesgeld- Konto parken. Die IngDiba hat hierfür immer sehr gute Angebote. Es lohnt sich auf jeden Fall, Vergleiche anzustellen.

Die Absicherung gegen Kursrückschläge

Natürlich ist der oberste Wunsch, dass Sie Ihr Geld an der Börse vermehren. Genauso wichtig ist es jedoch, Ihr Geld vor Kursrückgängen und sogar Crashs zu schützen. Ja, Sie haben richtig gelesen, auch dagegen können Sie sich wirksam absichern. Wir möchten Ihnen nun einige Methoden und Strategien aufzeigen, wie Sie im Fall der Fälle das Schlimmste verhindern können und nicht einen Totalverlust hinnehmen müssen. Diese bieten Ihnen natürlich keine 100%-ige Sicherheit, sind jedoch ein angenehmes Ruhekissen, damit Sie auch gut schlafen können, wenn es an der Börse einmal etwas holpriger zugeht.

Die ersten wichtigen Punkte haben Sie bereits kennengelernt. Es handelt sich um Ihr konsequentes Money- Management und das unbedingte Setzen eines Stoppkurses. Eine wichtige Börsenregel legt Ihnen stets nahe, dass Sie Gewinne laufen lassen sollen und Verluste eingrenzen müssen.

Hier steckt meist der Fehler, der vielen Neulingen auf dem Parkett der Börse passiert. Gewinne werden aus Angst zu früh mitgenommen, obwohl alle Prognosen immer noch positiv sind und ein weiteres Steigen des Kurses wahrscheinlich ist. Auch wenn Sie schon eine Steigerung von 5% oder gar 10% verbuchen konnten, prüfen Sie alle Indikatoren, sind diese immer noch positiv, lassen Sie die Aktie laufen.

Doch auch genau das Gegenteil ist häufig der Fall. Viele wollen die Verluste nicht akzeptieren und warten und warten und warten. Der Verkauf endet in einem Desaster und große Verluste müssen eingesteckt werden, nur weil Sie sich nicht an Ihre Strategien gehalten haben. Wenn die Vorzeichen da sind und Sie ein eindeutiges Zeichen für einen Ausstieg erhalten, verkaufen Sie auch! Die Prognosen irren sich selten bis nie. Ein eingehendes Beispiel können wir Ihnen anhand einer kleinen Prozentrechnung geben. So sehen Sie, wie nahezu aussichtslos ein Ausgleich ist, je tiefer der Kurs fällt.

Wenn der Kurs um 50% gefallen ist, so muss er in Folge wieder 100% zulegen, damit Sie wieder an Ihrem Ausgangspunkt angelangt sind.

Ist der Kurs um 70% gefallen, so muss er in Folge um 333% zulegen, nur damit Sie wieder auf null sind.

Haben Sie in aller Hoffnung vergebens gewartet, dass der Kurs steigt, und er ist dennoch auf minus 90% gesunken, so muss dieser nun 1000% aufholen, damit Sie auf null sind und der Verlust ausgeglichen ist.

Nun sehen Sie, dass Sie auf jeden Fall die 50% akzeptieren sollten, denn dieser Verlust lässt sich am ehesten wieder ausgleichen. Doch machen Sie sich keine Sorgen, auch am Börsenmarkt hat noch jeder ein Lehrgeld bezahlt. Die einen mehr, die anderen weniger. Je nachdem wie konsequent man sich an das Money Management gehalten hat.

Wie Sie Gewinne mitnehmen

Natürlich heißt es, dass Sie sichere Gewinne laufen lassen sollen. Doch Sie wollen auch von diesen Gewinnen profitieren und diese ab und an früher mitnehmen. Dazu ist es ratsam, sich der Casino- Methode zu bedienen. Der Kurs Ihrer Aktie steigt und die Prognosen stehen gut. Nun verkaufen Sie lediglich Ihren Einsatz und machen nur mit dem Gewinn weiter. Konkret bedeutet das, haben Sie 1000 Euro in die Aktie gesteckt und der Kurs steht bei 1500 Euro, dann verkaufen Sie Aktien für 1000 Euro und die restlichen 500 verbleiben. Diese können nun weiter steigen. Beobachten Sie dennoch den Kurs und hören Sie auf Ausstiegssignale, auch wenn es sich hierbei schon um geschenktes Geld handelt. Denn genau dies ist doch, was Sie hier an der Börse beabsichtigen, nämlich gutes Geld zu machen. Auf diese Weise machen Sie unter Garantie keinen Verlust und können sich im Gegenteil über etwaige Gewinne freuen.

Auch sollten Sie Ihr Depot immer wieder bereinigen, ganz nach dem Motto „Verluste begrenzen und die Gewinne laufen lassen". Blicken Sie in Ihr Portfolio und trennen Sie sich von den Verlierern. Machen Sie nicht den Fehler wie hunderte andere und verkaufen Sie bitte nicht die Gewinne. Das Depot zu bereinigen bedeutet, schlechte Aktien abzustoßen und so vor großen Verlusten geschützt zu sein. Halten Sie sich das bereits erwähnte Sprichwort auch hier immer vor Augen, dass Gewinner lieber auf der Gewinnerstraße bleiben und Verlierer meist auch weiter verlieren.

Streuen Sie Ihr Depot breit

In der Fachsprache spricht man hier von diversifizieren. Das bedeutet auf gut Deutsch, dass Sie nicht alles auf eine Karte setzen sollen. Je mehr verschiedene Aktien Sie besitzen, desto höher ist auch die Chance, dass sich darunter ein richtiger Knaller befindet, der sich absolut toll entwickelt. So können auch kleinere oder sogar ein großer Kursversager ausbalanciert werden. Dabei sollten Sie viel Wert darauf legen, dass Sie Aktien aus unterschiedlichen Ländern, verschiedenen Branchen und Sparten kaufen. Auch ist es ratsam, unterschiedliche Werte anzulegen. Vor allem ist es häufig von Erfolg gekrönt, wenn Sie auch kleine Aktien in Ihr Portfolio einmischen. Hier spricht man von sogenannten Small- Caps. Den Grundstein Ihres Portfolios sollten Sie aber so setzen, dass Sie auf solide und dividendenstarke Unternehmen setzen. Dies kommt auf jeden Fall allen Anlegern zugute, die risikoscheu und eher konservativ sind. Wobei Sie hier konservativ auf keinen Fall negativ bewerten sollten.

Der Aufbau des Portfolios

Von einem Portfolio spricht man, wenn man sämtliche Aktien benennt, die sich in Ihrem Besitz finden. Das Portfolio ist sozusagen Ihre eigene und persönliche Sammlung an Aktien, die Sie halten.

Wie viele Aktien Sie nun in Ihrem Portfolio halten sollten, ist absolut individuell. Einige vertreten die Meinung, dass es sich um mindestens 50 verschiedene Aktien handeln soll, wieder andere sind der Ansicht, dass Sie nur zwei bis drei Aktien in Ihr Portfolio packen dürfen. Für welche Anzahl Sie sich entscheiden, hängt in großem Maße davon ab, wie viel Sie sich selbst zutrauen. Dabei sollten Sie ehrlich zu sich selbst sein und sich nicht selbst überschätzen. Sie können das Portfolio ja ohnehin Step by Step erweitern. Besser ist es immer, alles Schritt für Schritt und langsam durchzuführen, als lernen und erkennen zu müssen, dass man mit der großen Anzahl an Aktien heillos überfordert ist und den Überblick verliert. Denn wer den Überblick verliert, der muss mit Verlusten rechnen. Im besten Fall werden zwar nur Zeichen zum Verkauf übersehen, doch auch das sollte nicht Sinn und Zweck der Übung sein. Sie können aber schon im Vorfeld anhand eines Musterdepots üben und so ganz rasch herausfinden, welche Anzahl für Sie zum derzeitigen Zeitpunkt gut zu überblicken ist.

Beim Erstellen eines Portfolios ist also schonungslose und ehrliche Selbsteinschätzung gefragt. Die Gestaltung des Portfolios hängt natürlich auch mit dem Geldbetrag zusammen, den Sie in diesem Moment investieren können. Sie können in Ihrer Vorstellung ein breites Portfolio mit 30 Aktien planen, wenn das Budget jedoch nur für 3 Aktien reicht, dann sollten Sie dies auch so hinnehmen und akzeptieren.

Auch das Risiko, das Sie eingehen möchten, spielt eine wichtige Rolle beim Erstellen eines Portfolios. Wenn Sie das Portfolio mit stabilen Aktien bestücken, so ist das Verlustrisiko gering, jedoch dementsprechend geringer auch der Gewinn, mit dem Sie rechnen können. Wenn Sie den Wert der Aktien rasch steigern möchten, dann werden Sie sich mit großer Wahrscheinlichkeit ein sogenanntes Wachstumsportfolio anlegen. Hier packen Sie Aktien mit höherem Risiko in Ihr Portfolio. Je höher das Risiko, desto höher auch die Möglichkeit für schnelle und hohe Gewinne. Ein Einkommensportfolio hingegen ist ein eher risikoarmes Portfolio. Hier richten sich die Aktien im Portfolio danach, dass sie einen konsequenten, zwar nicht hohen, aber stabilen Gewinn abwerfen. Hier befinden sich im Portfolio stabile Unternehmen, die auch regelmäßig Dividenden an die Aktionäre ausschütten. Bei einem konservativen Portfolio steht die Sicherheit im Vordergrund und die Gewinne spielen eine sehr nebensächliche Rolle. Hier wird auf ein sehr moderates Wachstum gesetzt und mit einem eher geringen Risiko für Verluste gerechnet.

Das Portfolio kann nun je nach eigenen Bedürfnissen mit Wachstumsaktien, Einkommensaktien, Aktien von zyklischen Unternehmen und spekulativen Aktien mit einem sehr hohen Risiko bestückt werden.

Sie können Ihrem Portfolio natürlich auch andere Anlagen wie Zertifikate, Anleihen, Fondsanteile und Optionen beifügen. Im nächsten Kapitel möchten wir näher auf die sogenannten Optionen eingehen und was es damit im Zusammenhang mit der Absicherung auf sich hat.

Optionen als Absicherung verwenden

Mit sogenannten Optionen haben Sie ebenfalls die Möglichkeit, Ihr Depot vor Kursrückschlägen zu bewahren. Dazu müssen Sie die Put- Optionen kaufen, vor allem wenn Sie der Meinung sind, dass sich der Kurs in naher Zukunft zurückentwickeln wird. Wenn die Prognose dann tatsächlich eintritt, dann nehmen diese Optionen an Wert zu. Auch wenn die Aktien an Wert verlieren, gleichen die Optionen den Verlust wieder aus. So schön dies nun auch klingen mag, Optionen zählen zu jenen Anlageformen, die mit einem enorm hohen Risiko behaftet sind. Hier müssen Sie unbedingt im Vorfeld mit der Materie vertraut sein und ausgiebig über Optionen lesen. Auch ist es sinnvoll, die Erfahrung mit Optionen auf Papier beim sogenannten Trockenschwimmen zu sammeln. Bei Optionen kommt es häufig zum Totalverlust und auch bei den Futures übersteigt häufig der Verlust den Wert Ihrer Einlage bei Weitem.

Was sind Optionen und Futures überhaupt?

Häufig hört man, dass es sich beim Handeln mit Futures und Optionen um die Königsdisziplin handelt. Bei beiden handelt es sich um Finanzinstrumente, die in kürzester Zeit extrem hohe Gewinne einfahren können. Zu gleichen Teilen sind diese aber in höchstem Maße riskant.

Bei Optionen handelt es sich um Instrumente, die ein Wahlrecht beinhalten, daher auch der Name Optionen, also Möglichkeiten. Als Käufer einer Option erhalten Sie die Möglichkeit, einen Basiswert, egal ob Aktie, Index, Rohstoff oder Devise, zu einem bestimmten Preis, dem Basispreis, zu einer festgelegten Laufzeit zu kaufen. Dies nennt man Call- Option oder in gegenteiliger Weise Put- Option, bei einem Verkauf. Der Verkäufer einer Option wird auch Stillhalter genannt. Dieser verpflichtet sich, den Basiswert zum gewünschten Preis zu liefern oder die Differenz bei einem Verkauf zu zahlen. Dafür erhält der Verkäufer eine Prämie.

Wenn der Basispreis nun bis zum Ende der Laufzeit steigt, erzielt der Käufer einer Call- Option einen Gewinn. Der Profit entsteht dann, wenn sich der Kurs des Basiswertes oberhalb des Basispreises befindet.

Der Käufer einer Put- Option tut dies meist zum Zweck einer Absicherung oder auch um auf fallende Notierungen zu spekulieren. Fällt der Basispreis zum Ende der Laufzeit tatsächlich sehr stark, so kann ein Gewinn erzielt werden. Von einem Profit spricht man hier, wenn der Wert des Basiswertes unterhalb des Basispreises steht.

Auch Futures funktionieren ähnlich. Käufer und Verkäufer verpflichten sich hier juristisch verbindlich, den Basiswert zum festgelegten Preis am Ende der Laufzeit zu kaufen oder eben zu verkaufen. Mit kleinen Einsätzen können hier große Gewinne, aber auch große Verluste eingefahren und verbucht werden. Futures und Optionen bieten somit enorme Chancen und bergen auch ein hohes Risiko. Wer diese beiden Instrumente verwendet, der benötigt ausgeklügelte Strategien, an die er sich konsequent hält, und ein tolles Risiko Management.

Tipps und Tricks, um an der Börse fit zu werden

Das Wichtigste bei diesem Thema ist Information. Besorgen Sie sich alle Informationen und Erfahrungen, die Sie bekommen können und werten Sie diese für sich aus. Lesen Sie Bücher und Blogs zu diesem Thema, durchstöbern Sie das Internet und treten Sie speziellen Foren bei.

Wiederholen Sie ständig das Gelernte und machen Sie sich mit den Kennzahlen und Strategien vertraut. Nehmen Sie den Rat ernst, auf Signale für den Ein- und Ausstieg konsequent zu hören, denn Disziplin und das Einhalten der Regeln bewahrt Sie vor hohen Verlusten. Üben Sie wirklich anhand eines Musterdepots und stempeln Sie dies nicht als kindische Spielerei ab. Nur durch viel Training erreichen Sie ein großes Know-how und Routine. Übung macht den Meister, das gilt auch auf dem Parkett des Aktienmarktes. Arbeiten Sie stets souverän und konzentriert und lassen Sie beim Traden die Emotionen außen vor.

Wenn Sie sich Bücher zum Thema Börse besorgen, so achten Sie stets auf das Erscheinungsdatum. Greifen Sie stets zu aktuellen und neuen Büchern, da sich der Markt hier rasch und kontinuierlich verändert. Es sollte aber zumindest ein gutes Handbuch zum Thema Börse neben Ihnen auf dem Schreibtisch liegen - und natürlich auch gelesen werden. Wenn Sie Informationen aus Blogs beziehen, überprüfen Sie dieses Wissen doppelt und dreifach. Gerade in der Anonymität des Internets geben viele vermeintliche Spezialisten und Profis ihr Wissen zum Besten, das häufig nicht fundiert ist.

Sie können auch Zeitschriften zum Thema Börse abonnieren und im TV nach Börsen-Sendungen suchen. Auch hier ist es wichtig, dass Sie alles mit einer gesunden Skepsis betrachten, denn jeder Autor und Journalist gibt nur seine eigene und persönliche Meinung kund. „Focus Money" oder „Der Aktionär" sind relativ gute Magazine, die Sie mit wertvollen Informationen versorgen können. Letzteres Magazin neigt aber zu einer oft etwas reißerischen Aufmachung und viele Aktien werden restlos gehypt oder anderen wird der nahe Exodus vorausgesagt.

Ob Börse Online, Handelsblatt, die legendären Financial Times oder die Wirtschaftswoche, aus sämtlichen Medien können Sie sich immer wieder Tipps und Anregungen holen, um Ihr Wissen zu vertiefen. Manche Zeitungen und Magazine, egal ob Print oder Online, bieten kostenfreie oder sehr günstige Schnupper-Abos an. Dieses Angebot sollten Sie nutzen, da Sie so schnell selbst herausfinden, wie wertvoll diese Informationen für Sie selbst sind.

Im TV sind Bloomberg TV und spezielle Sendungen auf NTV empfehlenswert. Achten Sie auf die aktuellen Börsenticker und erfahren Sie so immer die neuesten Kurse.

Nachwort

Zum Abschluss, bevor wir Ihnen eine kleine Liste der aktuellsten Aktien und deren Hintergründe verraten, möchten wir noch einmal auf die Regeln der Börse eingehen.

Kaufen Sie niemals Aktien mit Geld, das Sie nicht selbst besitzen. Nehmen Sie zum Traden mit Aktien weder einen Kredit auf, noch leihen Sie sich das Geld privat. Natürlich kann man dies niemandem verbieten, es ist jedoch ein gut gemeinter Rat, der Sie vielleicht vor dem finanziellen Ruin bewahren kann.

Investieren Sie nur jene Beträge, deren Verlust Sie im Zweifelsfall auch verschmerzen können. Tabu ist es, mit einem fixen und raschen Gewinn zu rechnen, den Sie zum Beispiel für Ihre nächste Miete oder für den Lebensunterhalt benötigen. Zeigen Sie Verantwortung.

Streuen Sie breit, verkaufen Sie, wenn Sie die ersten Anzeichen für einen Verlust erkennen und lassen Sie sich nicht von Gier oder Verzweiflung leiten.

Abschließende Tipps für das neue Börsenjahr

Im Jahr 2017 wurde von Dow Rekorden und Dax Rekorden gesprochen und viele Anleger kamen aus dem Schwärmen nicht mehr heraus. Gleichzeitig kamen auch verstärkt die Investoren in Bitcoin und anderen Kryptowährungen immer verstärkter zum Vorschein. So faszinierend die kryptografischen Währungen auch sind, sie haben den herkömmlichen Aktien noch lange nicht den Rang abgelaufen. Natürlich wagen viele, die bereits Erfahrung mit dem Handeln von Aktien gesammelt haben, auch den Schritt und versuchen sich im Traden von Bitcoins und Altcoins. Hier werden Sie viele Parallelen bemerken, doch lassen sich die Strategien nicht eins zu eins ummünzen und ein neuerliches, intensives Einlesen in die moderne Materie ist Pflicht.

Warum jammern aber dennoch so viele Menschen über die schlechten Zinsen auf Sparbüchern, wenn es in der Zwischenzeit so viele Alternativen gibt? Der Grund liegt einfach in der Angst vor Neuem und daran, dass das Handeln mit Aktien immer noch als eine Art Glücksspiel angesehen wird. Viele scheuen das Risiko und wollen einfach das hart verdiente Geld nicht verlieren.

Wir hoffen, dass wir Ihnen mit diesem kleinen Ratgeber die Angst und Scheu etwas nehmen konnten und die Welt der Börse für Sie attraktiv machen konnten. Lassen Sie die Neugierde zu und wagen Sie den Schritt. Mit einem Musterdepot haben Sie nichts zu verlieren und investieren lediglich einiges an Zeit. Im Anschluss können Sie immer noch beurteilen, ob die Börse mit ihrer Vielfalt an Aktien das richtige Parkett für Sie ist. Wir wünschen Ihnen viel Erfolg und viel Freude bei Ihren ersten Schritten an der Börse.

Im Anschluss finden Sie noch einige Aktien, die durchaus interessant sein können. Hierbei handelt es sich um eine zufällige Auswahl und um individuelle Aktien, ein genaues Urteil müssen Sie sich natürlich auch hier bilden.

Wenn Sie nun die boersennnews.de öffnen, so finden Sie eine Auflistung der Aktien vor. Zu Beginn können Sie einfach diese Listen durchstöbern und nach bekannten Namen suchen. Vielleicht haben Sie von der ein oder anderen Aktie schon etwas gehört oder kennen einige Hintergründe des Unternehmens.

Hier sehen Sie zum Beispiel die Fenner PLC- Aktie, die aktuell mit einem konstanten Plus aufwarten kann. Hier wird nicht nur der aktuelle Kurs angezeigt, Sie sehen auch die Performance der letzten vier Wochen in Prozent. Dabei werden Sie auch sehen, dass die verschiedensten Aktien einen unterschiedlichen Wert haben und schon können Sie herausfinden, wie die Aktien bewertet sind. Schnappen Sie sich einfach die ersten zehn Aktien und rechnen Sie diese durch.

Die Freenet AG- Aktie ist das Wertpapier einer deutschen börsennotierten Telekommunikationsgesellschaft und zählt zu den großen Gewinnern.

Bei Bilfinger und Berger handelt es sich um Aktien eines Industrie-Dienstleisters, der sich mit Petrochemie, Chemie, Pharma, Öl und Gas befasst. Auch diese Aktie zählt aktuell zu den großen Gewinnern.

Auch die Daimler Crysler- Aktien zählen zu den Gewinnern und sind die Aktien eines Unternehmens, das weltweit bekannt ist.

Auch die Volkswagen- Aktien sind große Gewinner und interessant für alle, die in Aktien investieren möchten, deren Unternehmen auch wirklich bekannt ist.

Auch die SGL Carbon- Aktien sind auf der Gewinnerstraße. Das Unternehmen mit Sitz in Wiesbaden ist ein internationaler Hersteller von Produkten aus Kohlenstoff. Die Aktie zählt zu den konstanten Aktien und ist eine Überlegung wert, wenn jemand ein konservatives Portfolio anlegen möchte.

ProSieben Sat1 Media- Aktien sind ebenfalls Wertpapiere, die aktuell mit einer extrem guten Performance überzeugen. Auch diese Aktie ist empfehlenswert für alle, die gerne auf Aktien setzen, deren Unternehmen bekannt ist.

Auch die Adidas- Aktie und die Aktien der Deutschen Bank sind die Gewinner der jetzigen Periode und auch die Merck- Aktie und die Aktie der Deutschen Telekom sind die Gewinner des beginnenden Jahres 2018.

Zu den Verlierern gehören die BASF- Aktien, die Vonovia- Aktien, die Heidelbergcement- Aktien, die Continental- Aktien und die Lufthansa-Aktien.

Dies ist nur eine kleine Auswahl an Aktien, die sich auf der Gewinnerstraße oder der Verliererstraße befinden. Jeder muss sich natürlich selbst ein Bild davon machen, in welche Aktien er investieren möchte. Es gibt eine große Auswahl an Aktien und jeder Investor hat die Möglichkeit, die Aktien nach eigenen Möglichkeiten auszusuchen. Ausschlaggebend sind immer das eigene Budget und natürlich die persönlichen Vorlieben. Stöbern Sie und lassen Sie sich inspirieren und lesen Sie sich in die Themen ein. Nach diesen wichtigen Punkten können Sie dann Ihr eigenes Portfolio erstellen, mit dem Sie in Zukunft lukrativ und mit viel Freude arbeiten können.

Kleines Börsen ABC

Mit dieser kleinen Auswahl an Wörtern können Sie nun bestimmt mitreden und müssen sich nicht mehr wie ein Außenseiter vorkommen, wenn Profis und Experten von ihren Taten an der Börse erzählen. Natürlich gibt es noch viele Begriffe mehr, scheuen Sie sich jedoch nicht, während einer Unterhaltung einfach nachzufragen. Entweder Sie erhalten eine Erklärung oder die Einsicht, dass viele auch nicht wissen, worüber sie sich unterhalten. Einige wichtige Begriffe haben wir hier noch für Sie übersetzt, die Sie kennen sollten, bevor Sie mit dem Traden an der Börse beginnen.

Aktie – Wertpapier
Aktiengesellschaft - Unternehmen, dessen Grundkapital in Aktien zerlegt ist
Aktiengewinn - Wertsteigerung der Aktie
Aktienchart - Grafik, die den Aktienkurs darstellt
Aktionär - ein Besitzer einer Aktie
Aktienkurs - Entwicklung der Aktien
Aktienanalyse - Untersuchung der Aktie, wie sich diese in Zukunft entwickeln wird
Abgeltungssteuer - Steuer auf erzielte Kursgewinne
Sparer-Pauschbetrag - Einnahmen aus Zinsen und Aktien steuerfrei bekommen
Anleihen – Wertpapiere
Börse – Marktplatz
Brokerage – Wertpapierhandel
Broker - führt im Auftrag seiner Kunden Börsengeschäfte durch
Börsenpsychologie - die Beeinflussung der Anleger mit Angst oder Gier
Bullenmarkt - ansteigender Markt

Bärenmarkt - absinkender Markt
Crash - Absturz der Kurse
DAX - Deutscher Aktien Index
Dow Jones - der älteste amerikanische Aktienindex
Derivate - Finanzprodukt zum Spekulieren auf Kurssteigerung oder Verlust
Dividende - Ausschüttung des Unternehmens an die Aktionäre
Depot – Konto
ETF - Exchange Traded Funds
Frankfurter Börse - die größte echte Börse Deutschlands
Freistellungsauftrag - Möglichkeit, um bei Kapitalerträgen Steuern zu sparen
Fundamentalanalyse - das Aufspüren von profitablen Aktien
Fonds - Anlagepools
Gesamtmarkt - die großen und wichtigen Indizes der Welt
ISIN - 12-stellige Nummer zur Identifikation der Aktie
Index – Aktiengruppe, der Aktien angehören, wie zum Beispiel der Dax
Kauforder - die Bestellung einer Aktie an den Broker abgeben
Limit – Grenze, zu welchem Preis eine Aktie gekauft oder verkauft wird
Money- Management - der Schlüssel, um Verluste zu begrenzen
Musterdepot - Konto zum Üben ohne Einsatz von Geld
Performance - Entwicklung der Aktie
Rendite – Gewinn

Stock- Picking - Auswahl an Aktien
Stopp-Loss - Stoppkurs setzen
Stop-Buy - Grenze, um eine Aktie zu einem bestimmten Kurs zu kaufen
Technische Analyse - Beobachtung und Auswertung der Charts
Trading – Handeln
Verkaufsorder - der Auftrag an den Broker, eine Aktie zu verkaufen
Wertpapiersparplan - langfristiger und stetiger Aufbau des Vermögens
Wall Street - das Zentrum des New Yorker Finanzbezirks
Wertpapier - Oberbegriff für Finanzinstrumente
WKN – Wertpapierkennnummer
Xetra - die größte elektronische Börse Deutschlands

Mit diesen Begriffen kommen Sie garantiert durch die Welt der Aktien. Sobald Sie einen Begriff hören, von welchem Sie nicht wissen, was er bedeuten soll und auch keine Antwort erhalten, dann googeln Sie einfach nach. Das Internet ist Ihr Freund und Lehrer und Sie finden zu jedem Begriff garantiert in Sekunden eine plausible und verständliche Erklärung. Lassen Sie sich dadurch nicht verunsichern, denn jeder hat klein angefangen und auch hier ist garantiert noch kein Meister vom Himmel gefallen.

Impressum:

Auflage (Erstauflage 2018)

Umschlaggestaltung, Illustration: *ILM Beratungs- und Vertriebs- Ltd.*

Lektorat, Korrektorat: *ILM Beratungs- und Vertriebs- Ltd.*

Kontakt: bksl@gmx.at

Taschenbuch

KDN-ISBN: 9781976940361

Risiko-Hinweis und Haftung

Jedes Investment in Aktien oder Börsenspekulation ist mit Risiken behaftet, teilweise hochspekulativ und kann zum Totalverlust des eingesetzten Kapitals führen. Wir halten die Artikel, Empfehlungen, Charts und Tabellen für verlässlich, jedoch können wir keine Garantie für Richtigkeit und Aktualität übernehmen. Die Inhalte in diesem Werk sind nach bestem Gewissen verfasst, wir halten unsere Quellen für verlässlich, aber auch hier können wir keine Garantie auf Richtigkeit und Aktualität geben. Die Inhalte in diesem Werk stellen keine Aufforderung zum Kauf oder Verkauf von Aktien dar. Die Informationen geben lediglich einen Einblick in die Meinung der Verfasser.

Haftungsausschluss

Die Inhalte wurden mit größtmöglicher Sorgfalt erstellt. Der Autor übernimmt jedoch keine Gewähr für die Richtigkeit und Vollständigkeit der hier befindlichen Informationen sowie bereitgestellten Inhalte.

Urheber- und Kennzeichenrecht

Bei den Inhalten die erstellt wurden, werden die Urheberrechte Dritter beachtet. Insbesondere werden Inhalte und Rechte Dritter als solche gekennzeichnet.

Sollte der Nutzer trotzdem auf eine Urheberrechtsverletzung aufmerksam werden, bitten wir um einen entsprechenden Hinweis. Bei Bekanntwerden von Rechtsverletzungen werden wir derartige Inhalte umgehend entfernen.

Etwaige Bilder: Privatarchiv, Pixabay.com, shutterstock.com

Persönliche Anmerkungen:

Persönliche Anmerkungen:

Persönliche Anmerkungen:

Persönliche Anmerkungen:

Persönliche Anmerkungen:

Persönliche Anmerkungen:

Persönliche Anmerkungen:

Persönliche Anmerkungen: